AF523838

Der schwere Duft überreifer Äpfel, vom Gras überwachsene Höfe, streunende Bettler, hungernde Kinder – politische Unruhen bringen Russland zu Beginn des 20. Jahrhunderts ins Wanken. Zahlreiche Bauern sind gezwungen, ihre kleinen Landgüter aufzugeben. In den 17 frühen Erzählungen beschreibt der bedeutendste Schriftsteller Russlands poetisch und gnadenlos den Untergang des russischen Landlebens.

Iwan Bunin, 1870 geboren, erhielt 1933 als erster Russe den Nobelpreis für Literatur. Berühmt wurde er vor allem durch seine Novellen ›Der Herr aus San Francisco‹ (1915) und ›Mitjas Liebe‹ (1925). 1920 emigrierte er nach Paris, wo er 1953 starb.

Weitere Informationen finden Sie auf www.fischerverlage.de

Iwan Bunin

Am Ursprung der Tage

Frühe Erzählungen 1890–1909

Aus dem Russischen
von Dorothea Trottenberg

Herausgegeben und
mit einem Nachwort von
Thomas Grob

FISCHER Klassik

Die editorische Arbeit an dieser
Auswahlwerkausgabe in Einzelbänden wird von der
S. Fischer-Stiftung unterstützt.

Die Übersetzung des vorliegenden Bandes
wurde gefördert von Pro Helvetia.

Erschienen bei FISCHER Taschenbuch
Frankfurt am Main, Mai 2017

Satz: Dörlemann Satz, Lemförde
Druck und Bindung: CPI books GmbH, Leck
Printed in Germany
ISBN 978-3-596-90641-3

Iwan Bunin, 1907

Inhalt

Erste Liebe

Aus Kindheitserinnerungen

Das alles wäre lustig,
wenn es nicht so traurig wäre …

»Mitja!«

»Mitka!«

»Dmitri Alexejewitsch!«

»Bleichgesichtiger Hund!«

»So steh doch endlich auf!«

Ich war schon wach, gab mir aber alle Mühe zu beweisen, daß ich tief und fest schlief und nicht begriff, was los war. Während ich mir mit aller Kraft die Decke über den Kopf zog, die Petja und Ljowa mir zu entreißen suchten, gab ich nur unartikulierte Laute von mir und strampelte mit den Beinen. Aber sie gaben keine Ruhe, sprangen von dem Fensterbrett herunter, auf dem sie saßen (sie waren vom Garten her durch das Fenster hereingeklettert), und blieben an meinem Bett stehen.

»Du bist mir einer!« brummte Petja unschlüssig. »Was sollen wir mit ihm machen? Wir verpassen das Morgenrot …«

»Wir gehen«, sagte Ljowa in seinem üblichen barschen, abgehackten Tonfall. »Er ist kein Kamerad, er ist ein Weib, ein alter, krepierter Elch. Wir knallen ihm eine und gehen!«

»Ich knall dir eine, mein Lieber, und zwar so ... daß du hinüber bist!« schrie ich plötzlich, richtete mich leicht auf und holte aus, als hätte ich etwas in der Faust. In dem Moment fand ich mich überaus bedrohlich und wild.

Petja und Ljowa aber brachen zum meinem Erstaunen in gutmütiges Gelächter aus und streckten mir die Hände hin.

Etwas verlegen ergriff ich sie, mürrisch und widerwillig, dann fiel ich wieder auf das Kissen zurück.

»Na kommt schon, gehen wir!« sagte Petja. »Sonst verpassen wir wirklich das Morgenrot.«

Das klang so aufrichtig und ernsthaft, daß ich bei dem Gedanken, das Morgenrot zu verpassen, selbst einen Schreck bekam. Was wir mit dem Morgenrot wollten, warum wir uns gegenseitig versprochen hatten, auf das Morgenrot zu warten, kann ich heute wirklich nicht mehr recht erklären. Damals aber dachte ich, daß es unbedingt sein müßte. Wir liebten es, vor Tagesanbruch aus dem Haus zu gehen, wenn das Dorf, die dunklen Felder und der ferne, dichte Wald noch in tiefstem Schlaf lagen und im Osten eben erst silbrige, helle Streifen am Himmel heraufzogen. Damals kam es uns vor, als seien wir vollkommen allein, als sei in dem kühlen, halbdunklen Wald wirklich alles geheimnisvoll und ursprünglich. Wie richtige Indianer schlichen wir uns ins dichteste Dickicht des Gartens, setzten uns in Erwartung des Sonnenaufgangs im Kreis und rauchten eine Friedenspfeife – oder vielmehr eine Pfeife, die wir meinem Vater stiebitzt hatten. Obwohl ich schon etwa zwölf Jahre alt war und sehr genau begriff, daß das Ganze ein Spiel war, ein richtiges Kinderspiel obendrein, gefiel es mir so sehr, daß ich gar nicht anders konnte, als mich begeistert darauf einzulassen.

Deshalb sprang ich sofort auf und zog meine Socken über.

»Die Sonne ist doch noch nicht aufgegangen?« fragte ich hastig.

»Du könntest schlafen bis zum Mittagessen«, antwortete Ljowa, »und selbst dann würdest du noch fragen.«

»Er will mich nur erschrecken! So spät ist es noch nicht«, dachte ich, als ich zum Waschbecken ging, fröstelnd in der Morgenkühle, die zum offenen Fenster hereinzog.

Der kalte Wasserstrahl ließ mich noch mehr erschauern und endgültig wach werden. Ich wusch mich hastig und war bereit zum Abmarsch. Wir hatten heute einen weiten Weg vor uns, bis ganz ans Ende der großen Wiese, die hinter unserem Garten lag. Dort begann der Wald, und die weitläufige Wiese ging über in enge, steinige und vom Frühjahrswasser ausgewaschene Schluchten. Heute wollten wir dort unsere letzte Friedenspfeife rauchen, um uns bis zum Sommer zu verabschieden. Es war der letzte Tag der Osterferien, und in zwei Tagen würde ich nach Orjol fahren müssen, ins Gymnasium.

»Nehmt die Bögen mit, schnell«, kommandierte Ljowa.

Wir packten unsere Bögen und kletterten durch das Fenster hinaus in das taufeuchte Gras des Gartens.

Die Sonne ging gerade eben auf. Auf dem Gras lag noch das kalte, matte Silber des Taus, auf den Gartenwegen jedoch war der Boden schon feucht und dunkel. Der klare, spiegelglatte Weiher dampfte leicht. Aber die Spiegelbilder der hohen, schlanken Espen waren noch reglos und deutlich; eine Nachtigall schlug besonders klangvoll im jungen Grün. Der Morgen begann gerade erst.

Wir gingen hinunter zum Weiher, über die breite Uferallee. Ljowa war unser Anführer. Er war immer gerne der erste, er kommandierte uns gerne, obwohl er zwei Jahre jünger war als Petja und ich. Er sah noch aus wie ein richtiger kleiner Junge; die kurzgeschnittenen, weißblonden Haare standen am Scheitel borstig ab, der Körper war noch ganz und gar kindlich. Ungeachtet dessen aber versuchte er immer, groß zu wirken, er schob stets die Brauen zusammen, seine Augen rollten wild hin und her wie bei einem kleinen Tier, und er brüstete sich – oder vielmehr er brüstete sich nicht, sondern bildete sich wirklich ein, außerordentlich stark zu sein. Die Augenbrauen schob er hauptsächlich deshalb zusammen, um bedrohlich zu wirken; wenn wir beim Indianerspielen bestimmten, wer wer oder was sein sollte, suchte Ljowa sich immer die Rolle einer besonders blutrünstigen Rothaut aus; er nannte sich »Schwarzer Panther«, neckte und foppte Petja, wenn der bei einem Geplänkel mit den anderen Jungen verletzt wurde und dann bitterlich weinte, und dergleichen mehr. Aber im Grunde seiner Seele war Ljowa trotzdem ein sehr gutmütiger, empfindsamer Junge, sehr aufgeweckt und flink. Petja hingegen war ein Junge, wie man ihm auf Schritt und Tritt begegnen konnte.

Wir gingen am Weiher vorbei. Ljowa war schon mehrmals zum Wasser hinuntergelaufen und hatte mit einem Stock ungestüm auf die Frösche eingeschlagen. Er schwitzte, hatte rote Backen und sich wie üblich Hände, Stiefel und Hose mit Dreck beschmiert. Petja hatte mehr Freude an der Natur.

»Und, kommst du im Sommer hierher zu deinem Onkel, oder fährst du zum Vater?« fragte er mich.

»Ich komme ganz bestimmt hierher«, erwiderte ich.

Ljowa drehte sich in dem Augenblick um und brach plötzlich in fröhliches Gelächter aus.

»Was hast du?« fragten wir einstimmig.

Ljowa lachte immer noch.

»Ich weiß alles, mein Lieber«, sagte er schließlich.

»Was weißt du?« wunderte ich mich.

»Na über Sascha!«

Ich spürte, daß ich augenblicklich bis zum Hals rot anlief. Ljowa hatte meine empfindlichste Stelle getroffen: Zu der Zeit war ich »fürchterlich«, wie mir damals schien, verliebt in Sascha, Ljowas Cousine. Sie verbrachte die Ferien gewöhnlich bei Ljowas Vater, und wenn ich davon träumte, für den Sommer hierherzukommen, dachte ich einzig an sie.

»Welche Sascha?« Ich wußte nicht, was ich sagen sollte, und merkte selbst, daß ich etwas furchtbar Dummes gesagt hatte.

»Warum lügst du wie ein altes Weib?« unterbrach Ljowa mich plötzlich streng. Er schob die Brauen zusammen, und seine Augen leuchteten auf wie bei einem kleinen Tier.

»Was heißt, ich lüge?« fragte ich ebenfalls streng.

»Es ist gelogen, daß du nicht weißt, welche Sascha ich meine«, sagte Ljowa laut und deutlich. »Dabei bist du in sie verliebt ...«

Abrupt riß ich den Bogen von der Schulter und legte mit zitternden Händen einen Pfeil an.

»Nein, du lügst!« schrie ich, nun völlig aufgelöst. »Ich werde dich gleich ...«

Aber Ljowa unterbrach mich:

»Ich weiß es schon lange. Ich wollte es Petja nicht sagen ... Aber jetzt sage ich es ... Bloß ist sie schon gestern abend abgereist ... Pech gehabt! ... Aber wenn du kämpfen willst – bitte sehr!«

Ljowa war nun auch wütend. Seine Augen rollten, seine Wangen waren gerötet.

»Ich will mich nicht mit dir prügeln«, sagte ich und versuchte mit aller Kraft, ruhig zu wirken. »Du bist einfach ein Idiot! Und ich will mit dir nicht mehr weitergehen.«

Mit diesen Worten drehte ich um und ging wieder in den Garten.

»Und warum ich?« fing Petja an zu jammern.

Mir aber schien, daß sie unter einer Decke steckten und mich beide ärgern wollten. »Kumpel!« dachte ich und rief, ohne mich noch einmal umzudrehen:

»Geht doch zum Teufel!«

Die Dinge entwickelten sich also denkbar ungünstig: Anstelle einer friedlichen Abschiedsexpedition gab es Streit, anstelle eines endgültigen Stelldicheins mit Sascha die Nachricht, daß sie schon abgereist war, oder mit anderen Worten, daß wir uns bis zum Sommer nicht mehr sehen würden. Ich sage »endgültig«, weil ich mir vorgenommen hatte, vor ihrer Abreise einen Moment abzupassen, um mich mit ihr auszusprechen. Ich hatte mich freilich schon einmal mit ihr ausgesprochen, aber das war irgendwie schiefgegangen. Wir begegneten uns bei ihnen im Flur; ich lief rot an und fühlte mich, als würde mir jemand mit einer eiskalten Bürste über den Kopf fahren und meine Haare zerzausen; ich sagte nicht einmal »Guten Tag«. Obwohl Sascha etwa zwei Jahre älter war als ich, war ich in ihrer Gegenwart immer ganz verlegen. Sie selbst streckte mir die Hand hin.

»Warum hat man Sie so lange nicht gesehen?« fragte sie.

»Ich war doch kürzlich noch hier«, sagte ich. »Sie haben mich nicht gesehen.«

»Dann waren Sie wahrscheinlich im Garten?«

»Nein, ich war auch im Haus.«

Sascha lachte plötzlich so laut und süß, daß ich auf der Stelle neuen Mut faßte, auch wenn ich nicht begriff, worüber sie lachte.

»Dann haben Sie wohl eine Tarnkappe getragen?«

»Nein, meine Schirmmütze«, witzelte ich und war nun völlig durcheinander.

»Aber wieso habe ich Sie dann nicht gesehen?« Sascha ließ nicht locker.

»Sie wollen mich ja immer nicht sehen.«

»Was soll das denn heißen?«

Aber ich hörte gar nicht mehr hin, und weil ich spürte, daß mir immer heißer wurde, fuhr ich fort:

»Ich weiß nicht, warum Sie eine solche Abneigung gegen mich hegen? Ich glaube ...«

»Weiß Gott, was Sie glauben«, unterbrach Sascha mich plötzlich errötend und mit leiser, liebevoller Stimme. »Im Gegenteil, ich ... ich träume sogar fast jeden Tag von Ihnen ...«

In dem Moment aber fuhr ratternd eine Droschke vor, und Sascha berührte flüchtig meine Wange und verschwand hochrot hinter der Tür.

Ich war noch gar nicht richtig wieder zu mir gekommen (es hatte mir vor Freude den Atem verschlagen), als auch schon jemand auf der Treppe polterte. Ich stülpte meine Schirmmütze über, fing an zu pfeifen – was ich normalerweise tat, um eine Peinlichkeit zu vertuschen –, lief flink die Treppe hinunter, vorbei an einem entgegenkommenden Handlungsgehilfen, und rannte durch den Garten nach Hause.

Ich erinnerte mich an all das mit besonderer Trauer und Zärtlichkeit, als ich mutterseelenallein im Salon saß. In dem leeren Haus (der Onkel war am Morgen aufs Feld gefahren, das Hausmädchen war in der Küche) war es überall still und hell. Auf dem Balkon stand die Tür offen, und von Zeit zu Zeit kamen Bienen und Schmetterlinge aus dem Garten hereingeflogen. Ein leichter Wind bewegte sachte das junge Grün der Birken. Im Garten krähten die Hähne, und ihr Krähen klang an diesem sonnigen Apriltag besonders fröhlich und frühlingshaft.

Nachdenklich stand ich hin und wieder auf und ging zur geöffneten Balkontür. An den Türsturz gelehnt, blickte ich die Birkenallee hinunter, wo aus der frischen, lockeren Erde und unter dem vorjährigen Laub leuchtendgrünes Gras hervorsproß; ich roch den zarten Gartenduft, hörte das melodische Gesumm der Bienen, die dumpf hallenden Schläge des Wäschebleuels im Weiher – und meine Sehnsucht wurde immer zarter und poetischer. Mir schien, ich sei noch nie so jung und schön und gleichzeitig so einsam und traurig gewesen. Ich blickte auf die fernen Felder, die sich rechter Hand vom Garten erstreckten, und wiederholte unwillkürlich die Worte des Dichters:

> Was klingt in der Ferne, was klingt und singt?
> Warum ruft die Ferne unnachgiebig,
> Warum tritt der Fluß weit über das Ufer,
> Etwa deshalb, weil der Frühling begonnen hat?

»Was klingt in der Ferne, was klingt und singt?« fragte ich mich wehmütig. Als Antwort traten mir Tränen in die Augen, und um sie zu überspielen, nahm ich meinen Streifzug durch das von der Sonne hell erleuchtete, menschenleere Haus wieder auf.

»Was sitzt du da wie ein Ölgötze?« fragte der Onkel mich beim Essen.

Ich konnte kaum antworten: Meine Sanftheit und Poesie waren auf das gröbste beleidigt.

Gegen Abend wurde ich noch wehmütiger. Ich ging hinaus aufs Feld, ging bis zum Wald und legte mich am Waldrand nieder. Auf meinem Mantel liegend, träumte ich lange vor mich hin, bis über den dämmrigen Feldern ein silberner Stern erstrahlte – die Venus.

Auf dem Rückweg beschloß ich, am nächsten Tag in die Stadt zu fahren. Ljowa und Petja waren schon dort (sie waren gegen Abend abgefahren), und ich könnte behaupten, ich müßte einiger Bücher wegen zu ihnen, wegen der Lateingrammatik zum Beispiel. Unterdessen würde ich auch Sascha sehen, wenigstens noch einmal mit ihr sprechen können, sie bitten, mir zu schreiben und so weiter.

Bei diesem Gedanken wurde mir fast heiter zumute, und ich schlief ruhig ein. Doch das Schicksal wollte es anders, wie man so sagt.

Mein Onkel war ein richtiger Greis – beinahe sechzig Jahre alt. Er war ein sehr merkwürdiger Mann und in höchstem Maße ernsthaft, soldatisch pflichteifrig, ordentlich und streng. Der Grund dafür lag hauptsächlich in seinem langjährigen Militärdienst bei irgendeiner Garnison. Er hatte fast gar keine Ausbildung genossen und sich mit dem Ausscheiden aus dem Militärdienst für immer als einsamer Junggeselle auf dem Land niedergelassen. Sein Gut war nicht groß, aber er verfügte über schöne Mittel: Er führte ein spartanisches Leben und war ein unermüdlicher Landwirt; in früheren Zeiten hatte er sogar selbst gemäht. Ich war freilich einzig und allein deshalb gerne bei ihm zu Besuch, weil im selben Dorf auch Sascha immer ihre Ferien verbrachte.

Früh am Morgen (der Onkel stand stets vor Tagesanbruch auf) verkündete ich ihm mein Vorhaben.

»Na gut, fahr nur«, sagte er.

»Aber womit?« fragte ich.

»Das weiß ich auch nicht.«

Ich zögerte. Der Onkel liebte es, so zu reden.

»Ich nehme den Rotschimmel«, sagte ich schließlich.

»Den Rotschimmel nehme ich«, erwiderte der Onkel.

»Also nehme ich die kahle Stute?«

»Ich fahre mit dem Zweispänner, und du weißt ja, im Frühling habe ich immer nur zwei Reisepferde.«

»Und was dann?«

Der Onkel lächelte.

»Und was dann?« wiederholte er. »Dann mußt du mit mir fahren.«

Mit dem Onkel fahren! Allein das ärgerte mich. Aber es war nicht zu ändern. Ich machte mich eilig reisefertig, weil der Onkel keine Minute warten würde, und eine halbe Stunde später waren wir schon unterwegs in die Stadt, zu zweit auf dem hoch mit Stroh beladenen Fuhrwerk.

Ich werde unsere Fahrt nicht ausführlich beschreiben, den heißen, schwülen Morgen, die dichten Staubwolken auf der Landstraße und die unerträglich langsame Fahrt hinter einem Wagenzug her, den wir eingeholt hatten. Der Wagenzug war sehr lang, und der Onkel, der immer gerne langsam fuhr, machte keine Anstalten, ihn zu überholen. Die nach Teer riechenden Wagen waren mit Mehlsäcken schwer beladen und bespannt mit gewaltigen, trägen Wallachen mit sattelförmig eingedrücktem Rücken. Die Fuhrleute hockten auf den Seitenstangen der Wagen und dösten, und es schien ihnen völlig egal, wann sie in der Stadt ankamen. Nur auf einem Wagen saß ein Kleinbürger, der Ähnlichkeit mit einem Windhund hatte und den ganzen Weg über auf den Alten fluchte, der hinter ihm fuhr. Doch der Alte, ein buckliger, dicker Mann mit kleinen Äuglein und einem gewaltigen fuchsroten Bart, verstand offenbar nicht richtig zu fluchen, seine Schimpfworte waren saft- und kraftlos und konnten die Langeweile nicht vertreiben.

»Wir werden sehen, ob du lange durchhältst«, sagte der Kleinbürger, wobei er Sonnenblumenkerne ausspuckte und mit den Beinen baumelte. »Wir werden sehen!«

»Bestimmt!« krächzte der Alte gehässig. »Bestimmt! Wenn sie schon dich Gauner behalten …«

»Und ob sie mich behalten!« fiel ihm der Kleinbürger ins Wort.

»Immer werden solche Teufel behalten«, versetzte der Alte.

»Teufel!« äffte der Kleinbürger boshaft nach. »Teufel! Steig ab, du Satan, schneuz dich mal! Du nuschelst.«

»Schneuz dich selbst!« sagte der Alte.

»Waschbär, Satan!« Der Kleinbürger hörte einfach nicht auf.

Der Alte war furchtbar beleidigt, sprang auf und schrie:

»Ich bin kein Waschbär, ich bin ein getaufter Mann! Du bist selbst ein Waschbär!«

Doch der Kleinbürger fiel ihm wieder ins Wort …

Gegen zehn Uhr morgens (bis zur Stadt waren es etwa zwölf Werst) kamen wir endlich an und machten halt in einem Gasthaus mit Ausspann.

Die Fahrt war im übrigen nicht einmal besonders unangenehm. Da ich dachte, daß ich in zwei Stunden Sascha sehen würde, die anmutige, vergnügte Sascha, achtete ich kaum auf die Unbequemlichkeiten und Unannehmlichkeiten der Fahrt. Aber im Gasthaus wendeten die Dinge sich zum Schlechten. Noch während wir durchs Tor fuhren, bemerkte der Onkel, daß unter einer Plane auf einem Leiterwagen ein gut gemästetes Kalb lag, und rief dem Besitzer, der dabeisaß, zu:

»Onkel, was hast du denn da zu verkaufen – einen Jungbullen oder eine Färse?«

»Ja«, antwortete der Bauer phlegmatisch.

Der Onkel sagte daraufhin nichts mehr, und als wir von unserem Fuhrwerk herunterkletterten, verschwand er. Ich hatte schon meinen Hemdkragen angelegt (ich hatte mich herausgeputzt), und er war immer noch nicht wieder da. Schließlich machte ich mich auf die Suche.

Ich lief durch die Gaststuben, wo ein Kanarienvogel unerträglich schmetterte, schaute woanders nach – er war nicht zu finden. Auf dem Weg zu unserem Fuhrwerk kam der Onkel mir entgegen, gefolgt von dem Bauern, der das Kalb mitschleifte.

»Ich habe das Kalb gekauft«, sagt der Onkel zu mir. »Bleib du hier bei ihm sitzen, und ich gehe noch etwas einkaufen.«

Mir wurde ganz heiß.

»Wie? Das Kalb bewachen?« Ich brach beinahe in Tränen aus. »Was soll das denn?«

»Was das soll?« sagte der Onkel streng. »Natürlich muß man das Kalb bewachen – es könnte gestohlen werden. Du schaffst es schon noch, deinen Besuch zu machen, ich bin gleich wieder da. Du kannst ja wohl eine Weile hier sitzen bleiben. Wenn dir das nicht paßt, hättest du nicht mitfahren brauchen. Und du rührst dich hier nicht fort, mein Lieber, du kannst zu Fuß nach Hause gehen, wenn du nicht hier sitzen bleibst. Verstanden?«

Was sollte man da machen? Mir kam der Onkel damals so streng vor, daß er leicht imstande gewesen wäre, ein solches Versprechen einzuhalten. Fast unter Tränen setzte ich mich neben das verwünschte Kalb. Ich warte … Eine Stunde vergeht – der Onkel kommt nicht. Mittlerweile kommt eine Unmenge von Wagen an. Unter der Plane riecht es nach Mist, Hitze und Schwüle. Es ist einfach mein Tod! Das Kalb liegt da wie eingegangen: Irre, glasige Augen, die zusammengebundenen Hinterbeine ausgestreckt, die Seiten angeschwollen.

»Würdest du doch eingehen, verdammt noch mal!« denke ich sehnsüchtig und boxe das Kalb mit den Fäusten in die Seite. Aber meine Kränkung, meine Schwermut werden nur noch größer.

Ich warte weiter. Eine weitere Stunde vergeht. Wütend, mit Tränen in den Augen, springe ich schließlich auf, fest entschlossen, wegzugehen und das Kalb im Stich zu lassen. In dem Moment taucht der Onkel auf. Hinter ihm ein Bauer, der ein neues Rad, einen Sack Kreidekalk, einige Eisenstangen für den Pflug und irgend etwas in einer Tüte mitschleppt.

Ich stürzte mich auf den Onkel.

»Wo warst du denn die ganze Zeit, Onkel?«

»Ich habe mit einem Bekannten geredet und die Zeit vergessen«, versetzte der Onkel gelassen. »Jetzt bin ich spät dran. Wir müßten eigentlich schon wieder unterwegs sein. Jetzt heißt es rasch anspannen.«

»Wie – anspannen?« Ich konnte kaum sprechen. »Und was ist mit mir?«

»Ich habe Wichtigeres zu tun als du«, versetzte der Onkel barsch. »Laß mich in Ruhe mit deinen Dummheiten. Ich breche jetzt sowieso auf, und wegen der Bücher können wir bei Petja vorbeifahren.«

Ich biß mir fast die Lippen blutig und wanderte zum Tor.

»Na gut!« schrie ich in einem Anfall von Wut und Verzweiflung. »Na gut! Ich gehe weg, ganz bestimmt gehe ich weg!« Ich lehnte mich an das Tor und brach in Tränen aus. Als ich eine Weile geweint hatte, beruhigte ich mich ein wenig! Ich blickte mit roten Augen über die staubige Straße und erkannte plötzlich, daß ich Sascha gar nicht mehr sehen wollte. Ein Wiedersehen mit ihr könnte jetzt kein Lichtblick mehr sein. In meiner Seele schien kein Quentchen Liebe mehr übrig.

Ich gab also nach und kletterte mit finsterer Miene auf das Fuhrwerk. Unterdessen überlegte ich aber, daß es trotz allem nicht schlecht wäre, Sascha für einen Moment zu sehen, dann könnte ich sie wenigstens bitten, mir zu schreiben …

Wir setzten uns in Bewegung.

»Dann gehe ich wenigstens kurz ins Mädchengymnasium«, begann ich, »und sage Sascha, daß sie Petja wegen der Grammatik Bescheid gibt. Er hat nämlich jetzt noch Unterricht.«

»Wir können doch zu ihm fahren«, sagte der Onkel.

»Aber nein, das Jungengymnasium ist am anderen Ende der Stadt, weit weg.«

»Von mir aus.« Der Onkel war einverstanden. Offenbar hatte er gute Laune.

Als wir an die Kreuzung kamen, hinter der das Mädchengymnasium lag, bat ich den Onkel anzuhalten und rannte mit klopfendem Herzen zum Gymnasium, wobei ich mein Hemd zurechtzupfte und den Kragen geraderückte.

In der Pförtnerloge blickte ich in den Spiegel und fand mich hübsch: Mein Gesicht war vor Tränen und

Aufregung sanft gefärbt, die Wangen schimmerten rot, in den Augen lag ein dunkler Glanz.

»Kann ich Alexandra Brjanzewa sehen, Schülerin der dritten Klasse?« fragte ich den Pförtner verlegen.

»Warten Sie fünf Minuten«, sagte der Pförtner.

Ich wartete. Mir war wieder fröhlich und leicht ums Herz. Daran, daß der Onkel an der Kreuzung auf mich wartete, dachte ich nicht einmal mehr.

Ein schrilles Klingeln ließ mich auffahren, und gleich darauf hallten und lärmten die Korridore oben und unten von jungen Leuten. Sascha, in ihrem schlichten Kleidchen noch hübscher und feiner, kam zu mir heruntergelaufen.

Mit einem befangenen, freudigen Lächeln reichte ich ihr die Hand. Wir waren umringt von etwa fünfzehn ihrer Freundinnen und gingen daher ein Stück weiter bis zu der Glastür am Ausgang.

»Wann fahren Sie denn?« fragte Sascha.

»Morgen«, sagte ich, wobei ich die Schnalle an meinem Gürtel abwechselnd auf- und zuklappte. »Ich bin gekommen, um mich zu verabschieden ... Finden Sie es wenigstens ein bißchen schade?«

Sascha wurde rot und wollte etwas sagen ... Doch plötzlich öffnete sich die Glastür und herein kam ... der Onkel! Ich erstarrte.

»Was ist denn, willst du hier übernachten?« fragte er aufgebracht und stand mit der Peitsche in der Hand vor mir. (»Wie ein Bauer!« schoß es mir durch den Kopf.) »Ich warte und warte! Dann habe ich beschlossen, selbst vorzufahren!«

»Wie vorzufahren?« ächzte ich und blickte durch die Glastür ... Wie entsetzlich! Direkt vor der Freitreppe stand unser Fuhrwerk mit dem Rad hinten im Wagen und dem Kalb in der Mitte! Ich kann mich nicht erinnern, wie ich Sascha von irgendwelchen Büchern vorstammelte, wie ich das Gymnasium verließ und auf das Fuhrwerk kletterte. Ich schämte mich in Grund und Boden. Eine ganze Schar Gymnasiastinnen kam auf die Freitreppe hinausgelaufen.

Sascha lachte, während sie zusah, wie ich mit Mühe und Not das Kalb beiseite schob, mich hinten auf das Fuhrwerk setzte und die Beine herunterhängen ließ.

»Nächstes Mal leg ich dich übers Knie, wenn du mir wieder etwas vorlügst«, brummte der Onkel und setzte sich auf das Fuhrwerk.

Wie auf einem Schafottwagen fuhr er mich vom Hof des Gymnasiums herunter. Das Kalb schlug erschrocken um sich und blökte. Die Gymnasiastinnen lachten. Ich saß da wie im Traum, wie benommen ...

Am Abend desselben Tages fuhr ich zum Bahnhof. In meiner gequälten Kinderseele war es leer. Kein Gedanke daran, daß ich jemals wieder beim Onkel sein und Sascha sehen würde ... Schweigend lag ich auf dem Fuhrwerk. Das Abendrot war so poetisch und verträumt ... Wir fuhren direkt in Richtung Westen. Weit vor mir in der Ferne erlosch langsam das Licht des Sonnenuntergangs. In der warmen, dämmrigen Luft spürte man schon die duftige Frische der taufeuchten Gräser und Blumen der Steppe. Hin und wieder drang von einer

Nachtweide her Geläut von den Glöckchen der Fohlen, und dann wurde wieder alles still. Und je dunkler die Frühlingsnacht auf dem Felde wurde, desto mehr versanken auch das Korn am Wegesrand und die ganze schweigende Steppe in leise Gedanken …

Auf dem Vorwerk

Lange glühte das Abendlicht mit fahler Röte. Das diffuse Licht und die diffuse Dämmerung verschwammen über den Getreidefeldern. Auch im Dorf wurde es dunkel – nur die kleinen Fenster der Bauernkaten auf der Weide schimmerten noch in kupfernem Glanz. Der Abend war schweigend und ruhig. Das Vieh war zusammengetrieben, man war von der Arbeit zurückgekehrt, hatte auf den Steinen vor den Katen zu Abend gegessen und war still geworden … Keine Lieder wurden gesungen, kein Kind schrie …

Alles war in abendliche Gedanken versunken – auch Kapiton Iwanytsch hing seinen Gedanken nach, während er am offenen Fenster saß.

Sein Gehöft stand auf dem Hügel; der niedrig bewachsene Garten aus Akazien und Flieder, überwuchert von Kletten und Beifuß, neigte sich hinab zur Talsenke. Aus dem Fenster, über die Büsche hinweg hatte man einen weiten Blick.

Das Feld schwieg und lag in fahlem Dunkel. Die Luft war trocken und warm. Die Sterne am Himmel flimmerten bescheiden und geheimnisvoll. Nur die Grashüpfer zirpten unermüdlich unter den Fenstern im Beifuß, und in der Steppe rief eine Wachtel deutlich ihr »pickwerwick«.

Kapiton Iwanytsch war allein – wie immer.

Es war, als sei ihm vorherbestimmt, sein Leben allein zu verbringen. Seine Mutter und sein Vater, bitterarme Gutsbesitzer aus dem Kleinadel, die bei den Fürsten Nogajski gelebt hatten, waren gestorben, als er noch nicht einmal ein Jahr alt war. Seine Kinder- und Knabenjahre hatte er im Hause einer verrückten Tante verbracht, einer alten Jungfer, und in der Kantonistenschule. In seiner Jugend schrieb er Lieder im Stil von Delwig und Kolzow, in denen er *sie* Walentina nannte – in Wirklichkeit hieß sie Anjuta und war die Tochter eines Beamten, der im Kommissariat diente –, aber seine Gefühle wurden nicht erwidert.

Sein Name war »wie der eines Haushofmeisters«, sein Äußeres war unauffällig; dunkel, hager und hochgewachsen, glich er nach Aussagen von Bekannten selbst damals schon einem Seminaristen, als er durch Protektion des Fürsten (nicht umsonst hieß es, der Fürst sei Kapiton Iwanytschs Vater) den Offiziersrang erreichte. Da fiel ihm das kleine Landgut der Tante zu, und er ging in den Ruhestand. Von Zeit zu Zeit kam er sich zwar noch vor wie der Held eines Marlinski-Romans oder wie eine Art Petschorin, er frisierte sich nach der neuesten Mode – »à la polonaise« … Aber es kam nichts dabei heraus. »Walentina« reiste zu einer Freundin zu Besuch und verheiratete sich. Und er verschloß seine Gedichte »bis zum Grab« in einer Chiffonnière.

Er begann, sich um das Gut zu kümmern, und wollte beim neu eröffneten Semstwo mitarbeiten, doch auch da hatte er kein Glück: Der Adelsmarschall erklärte bei einem Imbiß der Adelsversammlung, Kapiton Iwanytsch sei »ein gutmütiger Kerl, aber ein Phantast, ein alter Phantast … ein aussterbender Typus …« Kapiton Iwanytsch schloß Bekanntschaft mit sämtlichen kleinen Gutsbesitzern aus der Nachbarschaft, begeisterte sich für die Jagd und gewann einen unersetzlichen Freund in dem Vorstehhund Dschalma. Ein Tag folgte auf den anderen, die Tage wurden zu Jahren … Er wurde ein echter kleiner Gutsbesitzer, trug eine Joppe und einen langen schwarzen Schnurrbart; er machte sich keine Gedanken über sein Äußeres und wußte vermutlich nicht einmal, daß sein dunkles, leicht fleckiges Gesicht in seiner ruhigen Güte sehr anziehend war …

Heute grämte er sich. Am Morgen hatte die Betschwester Agafja kurz hereingeschaut, Kapiton Iwanytschs ehemalige Magd, und unter anderem gefragt:

»Erinnern Sie sich noch an Anna Grigorjewna, gnädiger Herr?«

»Ja«, sagte Kapiton Iwanytsch.

»Tot ist sie. Zu den großen Fasten hat man sie begraben.«

Daraufhin hatte Kapiton Iwanytsch den ganzen Tag über nur vage gelächelt. Und am Abend … Der Abend brach so still und traurig herein!

Kapiton Iwanytsch aß nicht zu Abend und ging nicht früh schlafen, wie er das für gewöhnlich tat. Er drehte sich eine dicke Papirossa aus schwarzem, starkem Tabak und saß, ein Bein untergeschlagen, die ganze Zeit am Fenster.

Er wollte irgendwohin gehen. Als ein Mann, der gewohnt war, alles ruhig zu überdenken, fragte er sich: »Wohin?« Wachteln jagen vielleicht? Aber das Abendrot war schon vorbei, und es war keiner da, mit dem er hätte gehen können. Semjon war heute auf der Nachtweide … Und was sollte er mit Wachteln!

Er seufzte und kratzte sein lange nicht rasiertes Kinn.

Wie kurz und armselig war das menschliche Leben im Grunde genommen! War es lange her, daß er ein kleiner Junge, ein Jüngling war? Die Kantonistenschule – gut, daß es sie nicht mehr gab! –, die Kälte, der Hunger, die Fahrten zur Tante … Das war ein Mensch! Er konnte sich sehr gut an sie erinnern, eine alte, magere Jungfer mit wirren, trokkenen schwarzen Haaren und irren Augen – es hieß, sie sei aus unglücklicher Liebe verrückt geworden –, er erinnerte sich, wie sie nach alter Institutsmanier ständig auswendig französische Fabeln herunterleierte, wobei sie mit den Augen rollte und eine verzückte, gewichtige Miene aufsetzte; er erinnerte sich auch an die Oginski-Polonaise … Leidenschaftlich und eigentümlich klang sie, weil die alte Junger sie mit verrückter Leidenschaft spielte … Ach, diese Polonaise! Auch *sie* hatte sie gespielt …

Die Sterne am Himmel leuchten so bescheiden und rätselhaft; trocken zirpen die Grashüpfer, und dieses Geflüster und Geknister ist einlullend und erregend zugleich … Im Saal steht ein altertümliches Klavier. Dort sind die Fenster offen … Wenn doch jetzt sie, zart wie eine Erscheinung, dort eintreten und spielen, die alten, klangvollen Tasten berühren würde! Danach würden sie hinausgehen und nebeneinander auf dem Weg durch die Roggenfelder spazieren, direkt dahin, wo weit in der Ferne das Licht des Westens schimmert …

Kapiton Iwanytsch ertappte sich und schmunzelte.

»Phan-tas-terei!« sagte er gedehnt.

Die Grashüpfer zirpten in der stillen Abendluft, und aus dem Garten roch es nach Klette, nach blassem, hohem Liebstöckel und Brennessel. Auch dieser Geruch rief ihm etwas in Erinnerung – die Abende, wenn er aus der Stadt nach Hause zurückkehrte und sich dem süßen Gedanken an sie und der trügerischen Hoffnung auf Glück hingab.

Kein Licht brannte im Dorf, wenn er den Hügel hinaufging. Unter dem klaren Sternenhimmel lag alles in tiefem Schlaf. Dunkel und warm waren die Aprilnächte; zart dufteten die Gärten nach Faulbeeren, in den Teichen veranstalteten die Frösche diese schläfrige, leise klingende Musik, die so gut zum beginnenden Frühling paßt … Lange konnte er damals nicht einschlafen auf dem Stroh, in der Hütte im Garten! Über Stunden hinweg beobachtete er jedes Licht, das in dem milchig trüben Dunst der fernen Niederungen aufleuchtete und wieder erlosch; wenn von dort, von einem abgeschiedenen Weiher manchmal der Ruf eines Reihers herüberdrang, schien dieser Ruf geheimnisvoll, und geheimnisvoll stand die Dunkelheit in den Alleen … Und wenn er vor dem Morgengrauen, von der kühlen Frische des Gartens erfaßt, die Augen aufschlug, blickten die keuschen

Sterne der Vormorgenstunde durch das halboffene Dach der Hütte auf ihn herab …

Kapiton Iwanytsch erhob sich und ging ins Haus. Seine Schritte hallten durch die Räume, die Böden gaben hier und da nach und knarrten.

»Achtzig Jahre alt ist das Häuschen!« dachte Kapiton Iwanytsch. »Im Herbst muß ich die Zimmerleute holen, sonst wird es im Winter entsetzlich kalt!«

Während er durch den Saal ging, fühlte er sich irgendwie unbehaglich. Hochgewachsen, hager, ein wenig gebückt, in seinen hohen, alten Stiefeln und der offenen Weste, unter der das baumwollene Russenhemd hervorlugte, schlenderte er umher und sang kopfschüttelnd und mit hochgezogenen Brauen die Polonaise vor sich hin. Ihm war, als beobachtete er sich selbst, seinen Gang und seine Gestalt, als sähe er sich selbst als jemand anderen, der durch das Halbdunkel des altertümlichen Saals ging, als jemanden, der mutterseelenallein und traurig umherwanderte, der traurig war und der ihm schmerzlich leid tat … Er nahm die Schirmmütze und verließ das Haus.

Draußen war es heller. Das Abendrot, das hinter dem Dorf erlosch, floß noch schwach über den Hof.

»Michajla!« Kapiton Iwanytsch rief leise nach dem alten Hirten. Niemand antwortete. Michajla war »sich feinmachen, das Hemd wechseln« gegangen.

Er suchte etwas zu tun und ging über den Hof zum Futterplatz: Hatte Mitja das Gras für die Kühe gemäht? Aber Kapiton Iwanytsch dachte an ganz etwas anderes und stand nur eine Weile am Futterplatz.

»Mitka!« rief er.

Wieder antwortete niemand. Nur eine Kuh im Stall stieß einen schweren Seufzer aus, und die Hühner auf der Stange regten sich und flatterten mit den Flügeln.

»Wozu brauche ich sie eigentlich?« überlegte Kapiton Iwanytsch und schlenderte hinter die Remise, dahin, wo am Hang der Roggen begann. Raschelnd stapfte er durch die Taubnesseln zu einem Erdhügel, wo er sich hinsetzte und rauchte.

Die weite Ebene lag unter ihm in der blassen Dunkelheit. Vom Hang hatte man einen weiten Blick auf die schweigend in der Dämmerung versunkene Umgebung.

»Ich hocke hier wie ein Häufchen Unglück«, dachte Kapiton Iwanytsch. »Da sieht man's, werden die Leute sagen, der Alte hat nichts zu tun!«

»Es stimmt, ich bin ein alter Mann«, grübelte er weiter. »Bald werde ich sterben … Anna Grigorjewna ist auch gestorben … Wo ist all das nur geblieben, all das, was früher war?«

Er blickte lange auf das weite Feld, lauschte lange auf die abendliche Stille …

»Wie kann das gehen?« fragte er laut. »Es wird alles sein wie immer, die Sonne geht unter, die Bauern kommen mit dem Hakenpflug vom Feld, … bei Tagesanbruch geht es zur Arbeit, aber ich werde das alles nicht mehr erleben, und nicht nur das – ich werde überhaupt nicht mehr da sein. Und wenn tausend Jahre vergehen, ich werde niemals mehr auf der Welt sein, niemals mehr kommen und mich auf diesen Erdhügel setzen! Wo aber werde ich sein?«

Gebeugt, mit geschlossenen Augen saß er da, strich mit der linken Hand über seinen graumelierten schwarzen Schnurrbart und wiegte sich hin und her …

So viele Jahre lang hatte er sich vorgestellt, etwas Wichtiges, Wesentliches läge noch vor ihm … Einst war er ein Knabe, war jung … Später … Einmal war er an einem heißen Tag in seiner Droschke über die große Landstraße zur Wahl gefahren! – Kapiton Iwanytsch mußte schmunzeln über seinen Gedankensprung …

Aber auch das war schon lange her. Und dann kommt die Zeit, in der, wie es heißt, alles zu Ende ist; siebzig, achtzig Jahre … weiter mag man gar nicht zählen! Ist das Leben eigentlich lang oder kurz?

»Es ist lang!« dachte Kapiton Iwanytsch. »Ja, trotzdem ist es lang!«

Am dunklen Himmel flammte ein Stern auf. Kapiton Iwanytsch hob seine traurigen Greisenaugen und blickte lange in den Himmel. Und von dieser Tiefe, dieser sanften Dunkelheit der sternenklaren Unendlichkeit wurde ihm leichter. »Und wenn schon! Ich habe still gelebt und werde still sterben, so wie ein Blatt von diesem Strauch hier zu seiner Zeit welk wird und abfällt …« Die Umrisse der Felder waren kaum mehr zu erkennen im nächtlichen Dämmerlicht. Die Dämmerung wurde dichter, und die Sterne, so schien es, strahlten höher. Der seltene Ruf der Wachteln war deutlicher zu hören. Das Gras roch frischer … Leicht und frei tat er einen tiefen Atemzug. Wie lebhaft spürte er seine Blutsverwandtschaft mit dieser schweigenden Natur!

»Wahrhaftig«, dachte Wolkow lächelnd, als er am Abend in der Versammlung der Landwirtschaftlichen Gesellschaft saß, »nirgends sonst wird das Talent zur Malerei so gefördert wie auf einer Sitzung! Sieh mal einer an, wie eifrig sie alle malen!«

Die Köpfe der Männer, die an dem grünen beleuchteten Tisch saßen, waren gebeugt; jeder zeichnete etwas – einen Namenszug, ein Monogramm, ein ungewöhnliches Profil. Der Tee, der von den Bedienten ausgeteilt wurde, unterbrach diese Beschäftigung von Zeit zu Zeit. Ein Wortwechsel des Vize-Präsidenten mit einem Mitglied der Gesellschaft belebte die Gemüter für eine Zeitlang; doch der monotone Vortrag, zu dem der Sekretär danach ansetzte, ließ alle wieder zum Stift greifen. Während er geistesabwesend die weiße Hand des Präsidenten betrachtete, in der eine Papirossa qualmte, spürte Wolkow, wie ihn jemand am Ärmel zupfte: Da stand sein Studienkollege aus dem Agronomischen Institut, mit dem er auch seine möblierte Wohnung teilte, der Pole Swida, hochgewachsen, hager und linkisch, in seiner alten Uniform.

»Guten Tag«, flüsterte dieser. »Worum geht es?«

»Ein Vortrag von Tolwinski: *Zur Praxis der Lagerung von Futterrüben.*«

Swida setzte sich, putzte seine Brille, die er abgesetzt hatte, und blickte Wolkow mit übermüdeten Augen an.

»Es wurde ein Telegramm für Sie abgegeben«, sagte er und hob die Brille, um sie gegen das Licht zu betrachten.

»Vom Institut?« fragte Wolkow hastig.

»Das weiß ich nicht.«

»Sicherlich vom Institut«, sagte Wolkow.

Er erhob sich und verließ auf Zehenspitzen rasch den Saal. In der Portiersloge, wo er sich nicht mehr so angestrengt um Haltung bemühten mußte, atmete er auf, zog rasch seinen Mantel über und ging hinaus auf die Straße.

Es wehte ein feuchter Märzwind. Der dunkle Himmel hing wie ein schwarzer, schwerer Baldachin über der Straße. In der Nähe der flackernden Gaslaternen sah man aus dieser undurchdringlichen Finsternis weiße Schneeflocken stieben, eine nach der anderen. Wolkow stellte den Kragen hoch, steckte die Hände in die Taschen und ging eilig über das naßglänzende, asphaltierte Trottoir.

»Was sie alles zeichnen«, dachte er. »Und mit welchem Eifer!«

Die Dunkelheit, der feuchte Wind und das Rattern der vorübersausenden Kutschen konnten seiner zuversichtlichen, munteren Stimmung nichts anhaben. Das Telegramm war sicherlich vom Institut … Aber im Grunde war es jetzt nicht mehr nötig. Er wußte bereits, daß er in zwei Wochen Assistent vom Direktor des Versuchsfeldes sein würde; dann würde er alle seine Bücher dahin mitnehmen, die Herbarien und Sammlungen, die Bodenproben ... All das würde man aufstellen und einräumen müssen (er konnte sich sein Büro schon deutlich vorstellen und sah sich selbst am Schreibtisch, im Arbeitskittel), um danach ernsthaft mit der Arbeit zu beginnen – sowohl praktisch als auch an der Dissertation ...

»Erhe-be-het euch aus den Gräbern!« sang er mit fröhlichem Pathos, als er um eine Ecke bog, und stieß mit einem kleinen Herrn zusammen, dessen Brille unter seiner Mütze hervorblitzte.

»Iwan Trofimytsch?«

Iwan Trofimytsch reckte flugs seinen Stutzbart nach oben und drückte lächelnd Wolkows Hand mit seiner feuchtkalten, kleinen Hand.

»Woher kommen Sie?«

»Aus der Landwirtschaftlichen Gesellschaft«, versetzte Wolkow.

»Wieso dann so früh?«

»Häusliche Umstände. Und Sie?«

»Aus dem Kontor. Wir arbeiten, mein Bester ...«

»Sie haben also auch abends zu tun?«

»Ja, das heißt nein, nur im Frühling, mit dem Rechenschaftsbericht eilt es immer so ... Es ist schlimm, wissen Sie ... Mehr noch, im Grunde genommen ist es geradezu niederträchtig ... Ein Unding ...«

Iwan Trofimytsch steckte die Hände in die Taschen und fröstelte in seinem dünnen Mantel mit dem ulkigen, abgeschabten Pelzkrägelchen.

»Warum?« fragte Wolkow.

Iwan Trofimytsch ereiferte sich:

»Was heißt warum? Wer zum Teufel braucht denn diese Arbeit? Welchen Sinn, gestatten Sie die Frage, haben denn all diese Pudwerst, Achswerst, all die Streckenberechnungen, die Sortier-Tabellen und ähnlicher Blödsinn?«

»Nun, vermutlich haben sie einen Sinn ...«

»Dummes Zeug!« rief Iwan Trofimytsch energisch. Wolkow lächelte nachsichtig.

»Dann gehen Sie doch woanders hin«, sagte er gelassen.

»Und wohin?«

»Aber Sie haben doch ein Diplom?«

»Ein ganz offizielles sogar!«

»Ja und weiter?«

»Ja und weiter?« wiederholte Iwan Trofimytsch, zog die Augenbrauen hoch und funkelte mit den Brillengläsern. »Sie meinen, ich würde nicht woanders hingehen? Bitte sehr – sonstwohin würde ich gehen! Überlegen Sie nur«, begann er angespannt und laut und packte Wolkow am Mantelrevers, doch Wolkow fiel ihm ins Wort:

»Warum gehen Sie dann nicht?«

»Wie alt sind Sie?« fragte Iwan Trofimytsch plötzlich.

»Vierundzwanzig Jahre und fünf Monate. Warum fragen Sie?«

»Na sehen Sie! Aber ich bin vierzig ... Und vor allem werde ich nirgends, wirklich nirgends mehr angenommen. Ich bin Jakute ... Verstehen Sie? Heutzutage verhungern die Menschen, Essen ist eine lebenswichtige, eine heilige Sache ... Verstehen Sie? Heilig! Meinen Sie, uns würde man anstellen?«

»Ich beschäftige mich mit der Wissenschaft und kann behaupten, daß ich ernsthaft arbeite«, sagte Wolkow.

»Haben Sie sich denn auch ernsthaft mit Pudwerst beschäftigt?«

»Ja, wohl auch damit ... Ich verstehe nicht ganz, die Herren ...«

»Ausgezeichnet!« Iwan Trofimytsch schrie beinahe. »Ich weiß sehr gut, daß Sie, meine Herren, wirklich vieles nicht verstehen! Nur folgendes, mein Bester – ich tröste mich mit dem Mißtrauen, verstehen Sie, ich tröste mich damit, daß viele von Ihnen diese Besonnenheit nur spielen! Selbstverständlich ist dieses Spiel schon an und für sich ...«

»Aber wir wollen ja überhaupt nicht spielen«, unterbrach ihn Wolkow. »Sie sagen: Geht hin und helft. Wir werden helfen, mit der Wissenschaft und nicht mit guten Worten.«

Iwan Trofimytsch winkte ab.

»Wissen Sie, was machen wir da für ein Geschrei!« bemerkte er lächelnd und schüttelte Wolkow kräftig die Hand. »Leben Sie wohl!«

Er wandte sich fröstelnd ab und verschwand um die Ecke.

Wolkow stand noch ein Weilchen da und überlegte ... Er hatte Iwan Trofimytsch auf der Stelle vergessen und schritt noch zügiger aus.

Hastig lief er die Treppe zu seiner möblierten Wohnung empor, schloß sein Zimmer auf und riß das Telegramm bei einem Zündholz auf.

»Auslieferung Freitag den neunzehnten«, stand darin.

Auf dem Tisch neben dem Telegramm lagen zwei Briefe. Die Adresse auf dem einen Brief trug die Handschrift seines Schwagers. Wolkow zündete Kerzen an, setzte sich auf das Sofa und begann lächelnd zu lesen.

»Lieber Schwager Dmitri«, las er, »wir sind selbstverständlich alle gesund und munter, von dir wissen wir natürlich nichts: Seit du abgereist bist, hast du uns kaum zwei Worte gesandt; schreib doch bitte schnellstmöglich, Schwager, ob du wenigstens zur Karwoche kommst. Antworte unverzüglich, das Hochwasser kommt jeden Moment, und da gelangt man weder zu Fuß noch mit dem Wagen zur Bahnstation …«

Wolkow drehte die Seite um und überflog den Schluß des Briefes:

»Zur Stadt ist kein Durchkommen, es gibt immerzu Schneestürme, und bei uns herrscht großer Hunger. Ich habe dir übrigens nichts von den Weihnachtsfeiertagen geschrieben, und du weißt gar nicht, daß in Dworiki mehrere Menschen gestorben sind. Unsere Fedora ist gestorben, Schwager, außerdem der einäugige Soldat aus Worgolsk und auch Mischka Schmyrjonok. Zuerst starb Mischkas Kind, und in der ersten Woche dann er selbst – an Hungertyphus …«

Wolkow ließ den Brief plötzlich sinken ... Er rückte den Kerzenständer heran und las die beiden Zeilen entsetzt und angespannt noch einmal:

»... Unsere Fedora ist gestorben, der einäugige Soldat aus Worgolsk und auch Mischka Schmyrjonok ...«

»Das kann nicht sein!« sagte er laut und stand auf. »Das kann nicht sein! Mischka, mein Freund aus Kindertagen ... wir haben gemeinsam Kaulquappen gefangen ... Verhungert!«

Wolkow setzte sich wieder, verzog das Gesicht, sprang wieder auf und stürzte zur Tür. An der Tür aber drehte er sich abrupt um und begann im Zimmer hin und her zu marschieren, wobei er heftig mit den Fingern schnipste und seine durcheinanderwirbelnden Gedanken zu sammeln suchte ...

Er hatte in der Zeitung gelesen, daß da und dort Menschen von Hunger aufgetrieben waren, daß ganze Dörfer weggingen, um zu betteln, er hatte Kataloge und allerlei Bücher gekauft zugunsten der Hungernden, oder, wie im Aufdruck stand, »zugunsten der durch die Mißernte Geschädigten«. Doch die von Hunger aufgetriebenen Bauern aus Kasan wurden durch die Zeitung nicht anschaulich; hier aber war es kein Bauer aus Kasan, es war Mischka Schmyrjonok, der vor Auszehrung zusammengebrochen und auf dem kalten Ofen gestorben war, Mischka Schmyrjonok, mit dem er früher wie mit seinem leiblichen Bruder in seinem Kinderbett gelegen, fröhlich geschwatzt, im Teich gebadet und Kaulquappen gefangen hatte. Und jetzt war er tot, und bei dem Schlammwetter im Frühjahr, wenn die Wege unpassierbar waren, war man ins Dorf gefahren, um Bretter für seinen Sarg zu kaufen. Maxim, der Stellmacher, hatte den Sarg zusammengezimmert, und dann hatte man Mischkas kindlich-mageren Körper hineingelegt. Er hatte immer schon schmale Schultern und ein hageres Gesicht gehabt ... Doch er war jetzt noch magerer, als man ihn in einem neuen weißen Hemd in den Sarg legte. Am Morgen hatte man diesen Sarg auf den großen Schlitten gestellt und über die Frühjahrsfelder ins Dorf gefahren ...

Wolkow beugte sich unter das Bett und zerrte eine große Holzkiste darunter hervor. In der Kiste lagen einige zerfledderte Schulbücher, und auf der Innenseite der Umschläge sah Wolkow Zeichnungen von Mischka: ein schiefes Haus mit einer Zickzack-Rauchfahne über dem Schornstein, ein merkwürdig gebogenes Pferd mit einem Schweif, der aussah wie diese Rauchfahne, und in großen, schiefen Krakeln »Michail Kolessow«.

Noch heute ging von diesen Büchern der Geruch nach der verrauchten, schornsteinlosen Kate aus. Mischka und er waren gemeinsam nach Dworniki gelaufen, um beim Soldaten Sawili nach diesen Büchern zu lernen. Beim matten Schein einer blakenden Lampe saß dort eine ganze Schar Kinder um den Tisch. Alle Augenblicke öffnete sich mit einem schmatzenden Geräusch die Tür, und neue Schüler schwappten gleichsam in einer Dampfwolke herein. Lärmend setzten sie sich an den Tisch und machten sich, die Ellbogen aufgestützt, die Beine unter der Bank baumelnd, mit Feuereifer daran, den Lehrstoff zu pauken.

»Gottesmutter ... Jungfrau ... freue dich ... Gottesmutter ... Jungfrau ... freue dich«, stimmte Mischka mit dünner Stimme an.

»Na, na, Mischka, lies das, was da im Buch steht ...« brummte Nikita konzentriert, der Sohn des Starosta, ein kleiner Dicker, der immer ohne Pelz, aber mit einem Schal dasaß.

Der Starosta selbst, Dogadun, ein stämmiger Bauer mit rotbackigem Gesicht und aschgrauen, gerade gestriegelten Locken, stand gegenüber vom Tisch, gestützt auf einen Meterstab, von dem er sich nie trennte.

»Nikita«, unterbrach er manchmal gewichtig, »was lernst du denn?«

Nikita räusperte sich dann entschlossen, errötete und antwortete mit einem heiseren Flüstern.

»Bist du fertig mit Lernen?«

»Noch nicht.«

»Also dann bleib dabei, warte mal«, fuhr Dogadun fort. »Folgende Aufgabe ... Ihr auch, Kinder, alle aufgepaßt!«

Und er begann:

»Gingen fünf alte Weiber, jede hatte fünf Stöcke, an jedem Stock waren fünf Haken, an jedem Haken waren fünf Knorren, an jedem Knorren hingen fünf Körbe, in jedem Korb lagen fünf Piroggen, an jeder Pirogge ... sagen wir, fünf Spatzen. Wie viele Spatzen gibt das? ... Na, junger Herr?«

Mit welcher Begeisterung der junge Herr sich dann mit Mischka in der Ecke verkroch, und mit welch fieberhaftem Gewisper er Spatzen zählte, bis die Köchin, die ihn abholen kam, sie beide auf dem Schlitten wieder nach Hause brachte!

Mischkas Mutter lebte damals bei den Wolkows. Der heutige Assistent vom Direktor des Versuchsfeldes plärrte damals ganze Abende lang, wenn Mischka nicht zu ihm durfte. Mischka schmerzten im Sommer die Lippen von Kletten und Hirschpetersilie, und man befürchtete, der junge Herr könnte sich das auch zuziehen. Aber Mischka schaffte es dennoch manchmal, auszureißen und sich ins Herrenhaus zu schleichen. Abends tauchte er dann unvermittelt im Kinderzimmer auf.

»Knapp geschafft«, verkündete er dann atemlos, und seine Augen blitzten vor Freude.

Er roch nach Schnee und Winterfrische; er sauste barfuß über die Schneewehen, in einem am Bauch zerrissenen Hemd und in kurzen Hosen. Die Njanja musterte ihn mißbilligend, rußverschmiert, abgerissen und zerzaust wie er war. Aber Mitja jauchzte bei seinem Erscheinen hell auf und bestand darauf, daß Mischka unbedingt die Nacht über bei ihm im Kinderzimmer bleiben müßte. Den ganzen Abend lang bauten sie sich »Schlupfwinkel« auf dem Bett, sie spielten Räuber, schauten Bilder an und schnitten sie aus …

Wie ist das passiert, überlegte Wolkow, wie konnte das passieren – dieser Hungertod?

Man hatte ihn an einem Sommertag mit einer Reisekutsche in die Stadt gebracht, ins Gymnasium. Mischka konnte ihn nur noch hinter dem Dreschplatz kurz sehen. Er hatte den ganzen Tag im Hanffeld gesessen, wollte sich von ihm verabschieden. Ins Haus, wo rege Geschäftigkeit herrschte, ließ ihn die Mutter nicht hinein … Als Mitja sich ziemlich kühl von ihm verabschiedete, wandte er sich ab, fing an zu weinen und ging langsam über den Feldrain zum Dorf, mit einer Hand die Hose festhaltend und mit den bloßen Füßen durch den heißen Staub tappend … Mitja aber blickte vorwärts, alle seine Gedanken drehten sich nur um die neue Schirmmütze …

Im Gymnasium nahm er an Schulfeierlichkeiten teil, bekam Bücher mit goldverziertem Umschlag, während Mischa in der Zeit mit einem Korb voller Ähren an der Getreidedarre stand … Die Winterdämmerung zog herauf … Alles war feucht und still in dem kleinen Dorf, das sich zwischen den verschneiten Feldern, die mit dem düsteren Himmel verschmolzen, in die Talsenke duckte … Man hörte die Stimmen der Bäuerinnen, die nach den frei herumlaufenden Schafen riefen … »määh, määh, määh!« … Mit einem schwankenden Eimer ging seine Mutter in der Talsenke Schneewasser holen …

Mitja betrank sich in besinnungsloser Fröhlichkeit bei seinen ersten Studentenfesten, während Mischka zu der Zeit bereits Hausherr und Bauer war, die Bürde von Elend und Familie trug. In den Winternächten, wenn Mitja in Stimmengewirr, Qualm und dem Ploppen von

Bierkorken bis zur Heiserkeit debattierte oder sang »Aus einem fernen, fernen Lande …«, war Mischa mit einem Wagenzug unterwegs in die Stadt … Auf den Feldern tobte der Schneesturm … In der Finsternis bis zum Gürtel im Schnee versinkend, waren die Bauern bis zum Morgengrauen auf den Beinen: Auf den Schlitten waren Fässer aus der Branntweinbrennerei gestapelt. Manchmal kam der ganze Treck zum Stehen … Durch Schneegestöber und Wind hörte man Geschrei und Gefluche … Mischka mußte auf die Schneewehen klettern, den Weg ausfindig machen, oder mit den Zähnen und steifgefrorenen Fingern die losgerissene Plane festzurren …

Wenn Mitja als Gymnasiast in den Ferien nach Hause kam, waren sie einander noch vertraut. Er wollte von ihm mit »du« angeredet werden, sie gingen gemeinsam Wachteln fangen, führten vertrauliche Gespräche, wenn sie des Nachts am Feldrain im Roggen lagen. Aber dann …

Wolkow schlug die Hände vor das Gesicht. Er erinnerte sich an seine letzte Begegnung mit Mischka, etwa vor drei Monaten, zu Weihnachten.

Wolkow war im Dorf. Auf dem Vorwerk waren viele Gäste zusammengekommen. Am Tag nach Neujahr wollten sie alle in die Stadt, ins Theater, und bei Nacht fuhren sie mit Trojkas zur Bahnstation.

Die Nacht war klirrend kalt und windig; der trokkene, hartgefrorene Schnee knirschte und knarrte unter dem Schlitten; über dem unermeßlichen, leblosen Feld stieg ein roter, riesiger Mond auf, und in seinem schwachen Schein war das wirbelnde, rauchende Schneetreiben zu sehen. Wolkow saß abgewandt von dem beißenden Wind, lauschte dem Knarren des Schlittens und rauchte eine Papirossa; der Wind stob rote Funken durch die Luft und trug Fetzen von Gesprächen und Gelächter und das Geläut der Glöckchen an der anderen Trojka herbei … Irgendjemand schrie »Auf geht's!«, die Pferde zogen mit einem Ruck an, der Wind blies ihm Schnee ins Gesicht, blähte den reifbedeckten Kragen und schlug ihn zurück. Wolkow setzte sich auf, um den Pelz zurechtzurücken … Eine schneebedeckte Gestalt, die zu Fuß unterwegs war, huschte vorbei.

An der Bahnstation mußten sie lange warten, und als Wolkow vor der Einfahrt des Zuges in den Wartesaal dritter Klasse ging, um die Fahrkarte zu kaufen, sah er diese Gestalt an der Tür.

»Mischka! Du?« rief Wolkow aus.

Und plötzlich geschah das, was ihm jetzt das Herz bluten ließ: Mischka, ehemals fröhlich und forsch, zog hastig seine Mütze und erwiderte ängstlich und unterwürfig:

»Ja, ich, Dmitri Petrowitsch …«

»Was machst du hier?« fragte Wolkow und reichte ihm die Hand.

Er war in löchrigen Bastschuhen, und die Kragenecken seines zerschlissenen Bauernmantels standen armselig ab und verdeckten sein ausgemergeltes, krankes Gesicht.

»Bitten, daß ich mitfahren kann in die Stadt«, erwiderte Mischka mit erkälteter Stimme.

»Was heißt bitten?«

»Im Zug ...«

»Aber was heißt bitten?«

Mischka lächelte schwach.

»Umsonst kommt man nicht hin«, sagte er leise.

Wolkow kaufte ihm eine Fahrkarte und steckte sie ihm in die Hand. Mischka, noch immer ohne Mütze, besah sich die Fahrkarte lange und teilnahmslos.

Im Zug dachte Wolkow wieder an Mischka und ging ihn suchen. In einem eiskalten, im Fahren knackenden Waggon sah er ihn neben dem rotglühenden Ofen.

»Warum willst du in die Stadt?«

»Die Not!« sagte Mischka monoton. »Vielleicht gibt es in der Stadt etwas ... Ich habe alles verloren ...«

»Das kann nicht sein!« rief Wolkow erneut aus. »Das kann einfach nicht sein! ... Sammlungen, Herbarien, Futterrüben ... Was für ein Unsinn!«

Er preßte die Finger zusammen und fing an zu lachen und hin und her zu wippen, als hätte er Zahnschmerzen.

Ans Ende der Welt

I

Das, was alle so lange bewegt und beunruhigt hatte, klärte sich schließlich: Weliki Perewos leerte sich auf einen Schlag zur Hälfte.

Viele weiße und hellblaue Bauernkaten verwaisten an diesem Sommerabend. Viele Menschen verließen das heimatliche Dorf auf immer, seine grünen Gassen zwischen den Gärten, die staubige Viehweide, die als Marktplatz diente, wo es so fröhlich war an einem sonnigen Sonntagmorgen, wenn ringsum Stimmengewirr herrschte, die Schenke vor Schimpfworten und Streitereien widerhallte, die Marktweiber schrien und die Bettler sangen, wenn die Geige fiedelte, der Leierkasten melancholisch orgelte und imposante Ochsen, die Augen vor der Sonne halb geschlossen, zu diesen disharmonischen Klängen schläfrig ihr Heu kauten; die Menschen verließen die bunten Obstgärten und die dichten kaspischen Weiden mit ihrem stumpf-blassen, spitzblättrigen Laub über dem Brunnen am Abhang zur Flußbucht, wo an stillen Abenden ein Klagelaut über dem Wasser liegt, dumpf und eintönig, als blase jemand in ein leeres Faß; sie verließen die Heimat auf immer um des fernen Landes am Ussuri willen und machten sich auf »ans Ende der Welt« …

Als sich über das Dorf unten im Tal der breite, kühle Schatten des Berges legte, der den Westen verdeckte, als sich im Tal zum Horizont hin im Widerschein des Sonnenuntergangs alles rot färbte, die Haine rot erglühten, die Flußbiegungen im purpurroten Glanz aufflammten und jenseits des Flusses die sandige Ebene wie Gold erglänzte, versammelte sich das Volk in buntleuchtender, festlicher Kleidung auf der grünen Wiese bei der alten weißen Kirche, wo schon Kosaken und Frachtfuhrleute gebetet hatten, bevor sie in die Ferne aufbrachen.

Dort, unter freiem Himmel, zwischen den beladenen Fuhrwerken, begann das Bittgebet, und Totenstille breitete sich in der Menge aus. Die Stimme des Priesters war klar und deutlich zu vernehmen, und jedes Wort des Gebets drang einem jeden tief ins Herz …

Auch in vergangenen Tagen waren an diesem Ort viele Tränen geflossen. Einst hatten hier die »Ritter« gestanden, gerüstet für einen weiten Weg. Auch sie verabschiedeten sich von ihren Kindern und Frauen, als ginge es ans Sterben, und in manchem Herzen erklang damals beizeiten das erhabene, traurige Lied davon, »wie am Schwarzen Meer auf einem weißen Stein ein Falke sitzt und bitterlich klagt«. Auf viele von ihnen warteten »türkische Ketten und Zwangsarbeit bei den Ungläubigen«, »frostige Nebel« auf dem Weg, ein einsamer Tod unter einem Kurgan in der Steppe und Schwärme grauflügliger Adler, die »auf die schwarzen Locken treten, aus der Stirn die Kosakenaugen hacken …« Doch damals schwebte über allem die stolze Freiheit der Kosaken.

Jetzt aber stand da eine graue Menge, die nicht eine Kosakenlaune für immer hinaustrieb ans Ende der Welt, sondern die Armut, der jenseits des Flusses gelb leuchtende Sand. Und wie bei einer Totenmesse, die es für sich selbst bestellt hatte, stand das Volk während des Bittgebets still, mit gesenkten, entblößten Köpfen. Nur die Schwalben zwitscherten hellklingend über ihnen, sie schossen vorbei und versanken in der Abendluft, in dem hellblauen, tiefen Himmel …

Dann erhoben sich Klagerufe. Unter kehligem Gemurmel, Schluchzen und Schreien setzte sich der Wagenzug in Bewegung, den Hügel hinauf. Zum letzten Mal zeigte sich Weliki Perewos im heimatlichen Tal – und verschwand … Auch der Wagenzug selbst verschwand schließlich hinter dem Getreide, in den Feldern, im Glanz der niedrigen Abendsonne …

II

Diejenigen, die dem Wagenzug das Geleit gegeben hatten, kehrten nach Hause zurück.

Das Volk strömte in Scharen den Berg hinunter, zu den Bauernkaten. Es gab auch solche, die nur aufseufzten und eilig und unbekümmert nach Hause gingen. Doch das waren wenige.

Alte Männer und Frauen gingen schweigend, ergeben gebeugt; strenge, wohlhabende Bauern zeigten eine düstere Miene; Kinder, von Vätern und Müttern an den kleinen Händchen gezerrt, weinten; junge Frauen und Mädchen schluchzten laut.

Dort gehen zwei bergab, über den steinigen Weg. Die eine, kräftig und klein, runzelt die Stirn und blickt mit ihren schwarzen, ernsten Augen abwesend über das Tal irgendwohin in die Ferne. Die andere, hochgewachsen und schmal, weint … Beide sind in Festtagskleidung, doch wie bitterlich die eine weint, den Ärmel der Bluse an die Augen gepreßt! Die Saffianstiefel, auf die der schneeweiße Saum unter dem großen, gewürfelten Wolltuch so schön fällt, straucheln …

»Sinka, so hör doch!« flüstert die Freundin ihr hastig und flehend zu. »Laß doch, was weinst du denn!«

Sie hat niemandem das Geleit gegeben, weder Verwandten noch Freunden; doch auch sie schiebt die schwarzen Augenbrauen angestrengt zusammen, um nicht in Tränen auszubrechen.

»So hör doch!« wiederholt sie.

»Laß mich!« ruft Sinka böse und schreit fast. Doch ihre Schultern zucken, und unter Tränen fügt sie kindlich hinzu:

»Ach, hätte ich es doch geahnt!«

Hell klingend, mit unbezähmbarer Freude hatte sie bis in die tiefe Nacht hinein gesungen, als sie mit den Eimern zum Fluß hinunterlief, nachdem Juchims Vater unbeirrt erklärt hatte, er werde nicht in die neue Gegend ziehen! Aber dann …

»Diese Nacht hat er es sich anders überlegt«, hatte

Juchim bestürzt erzählt. »Er hat es sich anders überlegt, Sinka, und gesagt: Wir siedeln um! Aber wie das denn, Vater, Sie haben doch gesagt … Nein, sagte er, ich habe einen Traum gehabt …«

Dort auf dem Hügel, bei den Mühlen, in der Menge der alten Leute steht der greise Wassil Schkut. Er ist groß, breitschultrig und gebückt. Seine ganze Gestalt strahlt noch die Kraft der Steppe aus, aber was für ein kummervolles Gesicht er hat! Er steht schon mit einem Fuß im Grab, und nie mehr wird er ein vertrautes Wort hören, er wird in einer fremden Kate sterben, niemand wird ihm die Augen zudrücken. Kurz vor dem Tod hat man ihn der Familie entrissen, den Kindern und Enkeln. Er hätte es geschafft, er ist noch stark, aber woher hätte er die fehlenden siebzig Rubel für die Genehmigung zur Umsiedlung in die neue Gegend nehmen sollen?

Die alten Leute stehen auf dem Hügel, unterhalten sich zerstreut, aber jeder hängt seinen eigenen Gedanken nach. Noch immer blicken sie in die Richtung, in die ihre Landsleute verschwunden sind.

Schon längst ist auch der letzte Wagen nicht mehr zu sehen. Die Steppe liegt verlassen. Fröhlich und leise singen und trillern die Lerchen. Friedlich und ruhig geht der klare Tag zu Ende. Froh und frei grünen ringsum Getreide und Gras, weit in der Ferne schimmern dunkel die Kurgane, und hinter den Kurganen erstreckt sich in einem unermeßlichen Halbkreis der Horizont, zwischen Erde und Himmel säumt ein Streifen bläulicher, luftiger Tiefe die Steppe, wie der Streifen eines fernen Meeres.

»Wie ist es wohl, dieses Land am Ussuri?« überlegen die Alten, die Augen vor der Sonne abschirmend, und strengen ihre Vorstellungskraft an, sich das märchenhafte Land am Ende der Welt und den gewaltigen Raum, der zwischen diesem Land und Weliki Perewos liegt, auszumalen und in Gedanken zu sehen, wie der lange Wagenzug dahinzieht, hochbeladen mit Gütern, Weibern und Kindern, wie sich die Räder langsam quietschend drehen, die Hunde laufen und die Bauern in ihren weiten Pumphosen über den weichen, staubigen, von der untergehenden Sonne gewärmten Weg hinter dem Wagenzug herstapfen.

Bestimmt blicken auch sie in diese geheimnisvolle bläuliche Ferne:

»Wie ist es wohl, dieses Land am Ussuri?«

Und der alte Schkut, gestützt auf seinen Stock, die Mütze in die Stirn gezogen, stellt sich das Fuhrwerk seines Sohnes vor und murmelt mit einem ergebenen Lächeln:

»Säge und Hobel habe ich ihm gegeben … und wie man eine Hütte baut, weiß er jetzt … Er wird nicht untergehen!«

»Viele sind umgekommen!« sagen andere, ohne auf ihn zu hören. »Sehr viele!«

III

Es dunkelt, und eine eigenartige Stille herrscht im Dorf.

Die warme, südliche Dämmerung mildert die abendliche Bläue des tiefen Tals mit einem leichten Dunstschleier, schattiert dieses gewaltige Bild der breiten Niederung mit den dunklen Zelten der Haine am Fluß, mit den matt glänzenden Biegungen des Flusses, mit den einsamen Pappeln, die sich über dem Tal dunkel abheben. Das altertümliche Weliki Perewos mit seinen dicht gedrängt stehenden Bauernkaten schimmert grau in dem Kessel am Fuße des steinigen Berges. Verschwommen leuchtet, wie ein Feld mit reifem Roggen, der gelbe Sand jenseits des Flusses. Und dahinter, noch verschwommener, zeichnen sich dunkel wieder Wälder ab. Die Ferne wird rauchig-lila und verschmilzt mit dem dämmrigen Himmel.

Alles ist so, wie es immer war zur sommerlichen Dämmerstunde in diesem friedlichen Tal … Aber nein, nicht alles! Viele Katen stehen dunkel, zugenagelt und stumm …

Schon sind fast alle nach Hause gegangen. Der Weg leert sich. Einige, die die Umsiedler bis zur nahen Kreuzung begleitet hatten, kommen langsam zurück.

Sie spüren die plötzliche Leere im Herzen und die unbegreifliche Stille ringsum, die den Menschen nach der Aufregung bei einem Abschied, bei der Rückkehr in ein verlassenes Haus stets überkommt. Während sie bergab gehen, betrachten sie das Dorf mit anderen Augen als zuvor, wie nach einer langen Trennung …

Dort breitet sich ein aromatisch riechendes Rauchwölkchen über einer Kate aus … friedlich und alltäglich …

Da flammt wie ein kleiner roter Stern zwischen den dunklen Gärten, den engen Höfen ein Licht auf …

Auf die Lichter und ins Tal blickend, gehen die Alten langsam auseinander, und auf dem Berg, am Wegesrand bleiben nur die dunklen Windmühlen mit ihren reglos ausgebreiteten Flügeln zurück …

Schweigend, mit einem eigenartigen, greisenhaft kummervollen Lächeln geht Wassil Schkut den Berg hinunter. Langsam schiebt er die Gartentür zurück, langsam geht er über den kleinen Hof und verschwindet in der Kate.

Es ist sein Elternhaus. Doch Schkut ist nicht mehr der Hausherr. Fremde Menschen haben es gekauft und ihm nur erlaubt, darin »seine Tage zu beschließen«. Das sollte er möglichst bald tun …

Im warmen, stickigen Dunkel der Kate zirpt abwartend eine Grille hinter dem Ofen hervor … als lausche sie … Verschlafene Fliegen surren an der Decke … Gebückt sitzt der Alte in der Dunkelheit und Stille.

Woran denkt er? Vielleicht daran, wie irgendwo dort, auf dem undeutlich hell schimmernden Weg, der Wagenzug leise knarrt? – Ach, was soll man daran denken!

Vor dem blassen, bleigrauen Hintergrund des kleinen Fensters, das in den Garten hinausgeht, heben sich dunkel die Silhouetten der altersschiefen Grabkreuze ab. Im Garten bei der Kate haben schon seit langer Zeit fast alle seine Verwandten ihre ewige Ruhe gefunden … Er ist bei ihnen geblieben. Bald muß er zu ihnen, in ihren Eichensarg. Es ist Zeit für Frieden, Zeit für Ruhe …

Eine helle Mädchenstimme verklingt jenseits des Flusses:

> Oh geh auf, geh auf,
> du heller Mond!

Tiefes Schweigen. Der südliche Nachthimmel ist voller großer Perlensterne. Die dunkle Silhouette einer reglosen Pappel zeichnet sich vor dem Hintergrund des Nachthimmels ab. Darunter das dunkle Dach und die bleich schimmernden Mauern einer Bauernkate. Die Sterne funkeln durch das Laub und die Zweige …

IV

Sie waren noch nicht weit gekommen.

Sie übernachteten in der Steppe, unter dem heimatlichen Himmel, doch ihnen schien, als seien sie schon tausend Werst weit weg von allem Gewohnten und Vertrauten.

Sie schlugen ihr Lager am Weg auf, wie die Zigeuner. Sie spannten die Pferde aus und bereiteten das Abendessen: Bald unterhielten sie sich unruhig, bald schwiegen sie düster und gingen einander aus dem Weg …

Endlich war alles ruhig.

Im Sternenlicht hoben sich die dicht nebeneinander stehenden Fuhrwerke dunkel ab, es waren Gestalten liegender Menschen und zum Gras hinabgeneigter Pferde zu erkennen. Wächter mit Peitschen in den Händen hockten verschlafen neben den Fuhrwerken, gähnten und blickten wehmütig in die dunkle Steppe …

Doch mit welcher Freude fuhren sie auf, als sie das Quietschen eines vorbeifahrenden Fuhrwerks vernahmen! Ein Landsmann! Sie umringten ihn lächelnd und drückten ihm die Hand, als hätten sie sich viele Jahre lang nicht gesehen.

Durch das Stimmengewirr geweckt, erhoben sich auch andere von der Erde und drängten sich, verlegen ihre Freude verbergend, um das Fuhrwerk, rauchten ihre Pfeifen an und waren bereit, bis zum Tagesanbruch zu reden …

Dann wurde wieder alles ruhig.

Aufgewühlt durch die Begegnung, schlummerten sie wieder ein, die Köpfe mit ihren Bauernkitteln bedeckt, und dachten nur an eines – an das ferne unbekannte Land am Ende der Welt, an die Straßen und die großen Flüsse unterwegs, an das heimatliche Dorf, das sie verlassen hatten …

Es war kühl geworden. Alles schlief tief und fest – Menschen, Wege und Feldraine, das taufeuchte Getreide.

Von einem entfernten Vorwerk drang kaum vernehmlich ein Hahnenschrei herüber. Die Mondsichel, trübrot und zur Seite geneigt, erschien am Himmel. Sie gab fast gar kein Licht. Nur der Himmel um sie herum nahm eine grünliche Färbung an, die Steppe wurde schwarz vom Horizont her, dunkler, und am Horizont erhob sich etwas Dunkles. Das waren Kurgane. Und nur die Sterne und die Kurgane vernahmen die Totenstille in der Steppe und den Atem der Menschen, die im Schlaf ihren Kummer und den weiten Weg vergaßen.

Aber was scherte sie, diese jahrhundertealten schweigenden Kurgane, der Kummer oder die Freude irgendwelcher Wesen, die nur einen Augenblick leben und dann Platz machen für andere, ebensolche – die sich von neuem aufregen und freuen und ebenso spurlos vom Antlitz der Erde verschwinden? Viele Wagenzüge, die in der Steppe übernachteten, und viele Menschen, viel Kummer und Freude haben diese Kurgane gesehen.

Nur die Sterne wissen vielleicht, wie heilig der menschliche Kummer ist!

Auf der Datscha

I

Die Fenster zum Garten waren die ganze Nacht hindurch geöffnet. Die Bäume breiteten ihr dichtes Blattwerk unmittelbar vor den Fenstern aus, und bei Tagesanbruch, als es im Garten allmählich hell wurde, zwitscherten die Vögel in den Büschen so rein und klingend, daß es in den Zimmern widerhallte. Noch aber waren die Luft und das junge, taubenetzte Maigrün kühl und matt, und die Schlafzimmer atmeten Traum, Wärme und Ruhe.

Das Haus mutete nicht an wie eine Datscha; es war ein gewöhnliches Landhaus, nicht groß, aber bequem und behaglich. Pjotr Alexejewitsch Primo, ein Architekt, hatte es schon den fünften Sommer gemietet. Er selbst war mehr auf Reisen oder in der Stadt. Auf der Datscha wohnten seine Frau, Natalja Borissowna, und der jüngere Sohn, Grischa. Der ältere, Ignati, der soeben seine Ausbildung abgeschlossen hatte, kam ebenso wie der Vater nur zu Besuch auf die Datscha: Er stand schon im Dienst.

Um vier Uhr kam das Stubenmädchen ins Speisezimmer. Süß gähnend verrückte sie die Möbel und scharrte mit einem Borstenbesen über den Boden. Dann ging sie durch den Salon in Grischas Zimmer und stellte ihm die flachen Halbstiefel mit der dicken Sohle vor das Bett. Grischa schlug die Augen auf.

»Garpina!« sagte er mit Baritonstimme.

Garpina blieb an der Tür stehen.

»Was iss?« fragte sie flüsternd.

»Komm her.«

Garpina schüttelte den Kopf und ging hinaus.

»Garpina!« wiederholte Grischa.

»Was woll'n Sie denn?«

»Komm her … nur einen Moment.«

»Ich komm nich, und wenn Sie sich auf'n Kopf stell'n!«

Grischa überlegte und reckte sich ausgiebig.

»Na dann verschwinde!«

»Die Gnädige hat gestern wollen wissen, geh'n Sie heut in die Stadt?«

»Und weiter?«

»Soll'n Sie scheint's nich tun, heut kommt doch der Herr.«

Grischa gab keine Antwort und kleidete sich an.

»Das Handtuch?« fragte er laut.

»Auf'm Tisch – da drüben! Nich die Gnädige wekken …«

Übernächtigt, aber frisch und munter, angetan mit einer grauseidenen Schirmmütze und einem weiten Anzug aus leichtem Stoff, ein Frottierhandtuch über die Schulter geworfen, ging Grischa hinaus in den Salon, packte den in der Ecke stehenden Krocketschläger, durchquerte den Flur und öffnete die Haustür, die auf die staubige Straße hinausführte.

Rechts und links der Straße entlang zogen sich in

langer Reihe die Datschen in ihren Gärten. Talwärts gen Osten öffnete sich der Blick weit in eine malerische Niederung. Um diese Zeit funkelte alles in den reinen, leuchtenden Farben des frühen Morgens. Bläuliche Wälder schimmerten dunkel im Tal. In hellem, stellenweise scharlachrotem Strahl glitzerte der Fluß zwischen dem Schilf und dem hohen Wiesengrün; hier und da stiegen silbrige Dunstschwaden vom spiegelnden Wasser auf und zerrannen. In der Ferne ergoß sich breit und strahlend das orange Licht der Morgenröte über den Himmel: Die Sonne ging auf …

Beschwingt und festen Schrittes lief Grischa hügelabwärts und gelangte über das nasse, glänzende und würzig feucht duftende Gras zum Badehaus. Dort, in der hölzernen Kabine, die vom matten Widerschein des Wassers seltsam erhellt wurde, zog er sich aus, musterte eingehend seinen schlanken Körper und erhob stolz seinen schönen Kopf, damit er aussähe wie die Statue eines römischen Jünglings. Daraufhin stieg er, die grauen Augen leicht zusammengekniffen, pfeifend in das kühle Wasser und schwamm mit kräftigen Zügen aus dem Badehaus hinaus in den Fluß, wo die Sonne, die sich gerade eben am Horizont gezeigt hatte, als feiner Feuerstreifen erzitterte. Weiße Gänse durchpflügten mit gesträubtem Gefieder lärmend das Wasser und flohen metallisch kreischend in das Schilfrohr. Von dort kamen breite, wellenförmige Kreise in den Fluß gelaufen.

»Grigori Petrowitsch!« rief eine Stimme vom Ufer.

Grischa drehte sich um und erblickte einen hochgewachsenen Bauern mit dunkelblondem Bart, offenem Gesicht und klarem Blick in seinen großen hellblauen, leicht hervorstehenden Augen. Das war Kamenski, »der Tolstojaner«, wie er in der Datscha-Siedlung genannt wurde.

»Kommen Sie heute vorbei?« rief Kamenski, während er seine Schirmmütze abnahm und mit dem Ärmel seines Hanfhemds über die Stirn fuhr.

»Guten Tag! ... Ja, mache ich«, rief Grischa zurück. »Wohin des Wegs, wenn ich fragen darf?«

Kamenski blickte ihn mit einem Lächeln von der Seite her an.

»So sind die Menschen?!« sagte er ernst und freundlich. »Immer wollen sie alles wissen!«

Grischa schwamm zum Ufer, wo er schwankend bis zum Hals im Wasser stand, und brummte:

»Na dann eben nicht ... Ich habe mich nur gewundert, warum Sie gefragt haben, ob ich komme?«

»Ich muß Bekannte besuchen.«

»Also fahren Sie in die Stadt!«

»Kann man etwa nur in die Stadt fahren?« unterbrach ihn Kamenski wieder. »Und hat man Bekannte etwa nur in der Stadt?«

»Natürlich nicht. Nur verstehe ich nicht ...«

»Das stimmt. Ich habe gesagt, daß ich sowohl in der Stadt wie auch bei Bekannten sein werde – hier ganz in der Nähe, bei den Gemüsegärten.«

»Heißt das, ich soll etwas später kommen?«

»Ja genau.«

»Dann auf Wiedersehen!« rief Grischa und dachte: »Ignati hat recht – Psychopathen!« Doch als er weiterschwamm, drehte er sich wieder um und betrachtete aufmerksam die hochgewachsene Gestalt in Bauernkleidung, die auf dem Uferweg davonging.

Am Fluß war es noch kühl und still. Hinter den Wiesen, in dem dunkelblau schimmernden Wäldchen, rief ein Kuckuck. Am Ufer rauschte das Schilfrohr, und langsam glitt ein Boot daraus hervor. Ein grauhaariger Alter mit Brille und löchrigem Strohhut saß darin und besah sich seine Angel. Er hatte sie hochgezogen und überlegte etwas, das Boot hielt an und spiegelte sich mit ihm samt seinem weißen Hemd und dem Hut im Wasser. Aus dem Badehaus hörte man Geschrei, Geplätscher und Gelächter. Vom Ufer her kamen, mit ihren Stiefeln auf den federnden Planken polternd, Gymnasiasten gelaufen, Studenten in weißen Kitteln und Beamte in Segeltuchhemden …

Grischa hatte keine Lust, dahin zurückzukehren, er tauchte unter, öffnete im dunkelgrünen Wasser die Augen, und sein Körper schien ihm fremd und merkwürdig, als blicke er durch Glas. Karauschen und Saiblinge hielten mit erstaunten Augen vor ihm inne und schossen dann geheimnisvoll davon in die dunkle, kalte Tiefe. Weich und schmiegsam umschloß das Wasser den Körper und wiegte ihn, und es war angenehm, den rauhen Sand und die Muschelschalen unter den Füßen zu spüren. Oben brannte schon die Sonne. Das warme, reglose Wasser glitzerte ringsum wie ein Spiegel. Vom Ufer her, von den grünen Weiden mit ihren grauen Kätzchen, trieb langsam weißer Flaum, und es roch nach Tang und Fisch.

II

Nach dem Schwimmen widmete Grischa genau eine Stunde der Gymnastik. Zunächst machte er Klimmzüge und hing am Schaukelreck im Garten, dann nahm er in seinem Zimmer die Löwenstellung ein und übte mit zwei Pud schweren Hanteln.

Vom Hof erklang laut und fröhlich das Gegacker der Hühner. Im Haus herrschte noch die Stille des hellen Frühlingsmorgens. Der Salon war durch einen Türbogen mit dem Speisezimmer verbunden, und an das Speisezimmer schloß sich ein weiteres kleines Zimmer an, das voll stand mit Palmen und Oleandern in Töpfen und hell erleuchtet war vom bernsteingelben Sonnenlicht. In einem schaukelnden Käfig hockte ein Kanarienvogel und pickte, und hin und wieder hörte man Samenkörner herunterrieseln und auf den Boden fallen. In dem großen Trumeau, vor dem Grischa mit seinen Gewichten hantierte, spiegelte sich das ganze Zimmer mit dem auffallend goldenen Licht und dem unnatürlich durchscheinenden Grün des üppigen Blattwerks.

Als Grischa auf die Veranda hinaustrat, sich an den gedeckten Tisch setzte und auf den Vorderbeinen des

Stuhls wippend mit leicht geblähten Nasenflügeln langsam Milch trank, erklang in der Stille des Hauses die matte Stimme von Natalja Borissowna:

»Garpina!«

»Wie langweilig!« dachte Grischa. »Jeder Tag beginnt mit ein und demselben Ruf!«

»Garpina!« wiederholte Natalja Borissowna schon ungeduldiger. »Gri-ischa!«

Grischa erhob sich träge.

»Was ist denn?« fragte er, als er ins Schlafzimmer trat.

Natalja Borissowna, eine füllige Dame von etwa vierzig Jahren, saß auf dem Bett und steckte mit erhobenen Armen ihr dichtes dunkles Haar auf. Beim Anblick ihres Sohnes zog sie unwirsch die Schultern hoch.

»Was bist du nur für ein Flegel, mein Junge!« sagte sie, ihre Worte mit einem Lächeln abmildernd.

Grischa wartete schweigend ab. Das Zimmer mit seinen herabgelassenen Vorhängen war von einem duftenden Halblicht erfüllt. Auf dem Nachttisch neben der Kerze tickte eine kleine Uhr, und ein aufgeschlagenes Heft des *Europäischen Boten* lag daneben.

»Es ist doch wahr!« setzte Natalja Borissowna noch liebevoller hinzu. »Ich rufe und rufe …!«

Sie bat ihn, Geld aus dem kleinen Tischchen zu holen, den Zettel zu suchen, was man in der Bibliothek ausleihen müßte, die Zeitschriften einzusammeln und Garpina zu rufen.

»Garpina fährt jetzt in die Stadt«, sagte sie. »Brauchst du vielleicht irgendwas? Vater kommt heute, und wahrscheinlich kommt Ignati mit ihm.«

»Sei so nett und beeil dich!« unterbrach Grischa sie. »Du weißt doch, daß ich gleich zu Kamenski muß.«

»Du bist nachgerade unmöglich!« rief Natalja Borissowna aus. »Dazu wollte ich dir übrigens noch etwas sagen ... Du hast mir zum Beispiel nicht einmal etwas über ihn erzählt ...«

»Du hast ihn doch selbst gesehen.«

»Was hätte ich in den zehn Minuten, in denen er die Bestellung aufgenommen hat, auch sehen können? Wir haben nur über den Schrank gesprochen und ansonsten keine zwei Worte gewechselt.«

»Aber ich bin ja selbst erst zweimal bei ihm gewesen.«

»Na immerhin.«

»Er ist ein ganz gewöhnlicher Tolstojaner.«

»Kurz und gut, lade ihn für heute abend ein. Du weißt, das wird Ignati interessieren. Aber zeig dabei etwas Fingerspitzengefühl, mein Lieber, sonst sagt er am Ende noch ab!«

Grischa nickte und ging hinaus.

III

»Wieder ein Tag, wieder ein langer Tag!« regte es sich in der Tiefe von Natalja Borissownas Seele, als sie nach dem Tee und einer Unterredung mit der Köchin ihren Sonnenschirm und ein Zeitschriftenheft nahm und mit wiegendem Gang, im hellen Morgenlicht leicht blinzelnd und mit der linken Hand den Saum ihres weiten, rohseidenen Kleides raffend, von der Veranda hinunter in Richtung des öffentlichen Datscha-Parks schritt und dabei ihren eigenen Garten durchquerte, wo im Sonnenglanz in den prächtig weißblühenden Apfelbäumen die Bienen summten und die Turteltauben im Dickicht leise gurrten.

»Wie rührend!« dachte sie mit einem trägen Lächeln, als sie die Gartenpforte öffnete und unweit davon Professor Kamarnizki Arm in Arm mit seiner Gattin erblickte. Sogleich rief sie ihnen mit matter Stimme freundlich zu:

»Woher des Wegs?«

Der Professor, etwas plump, dunkelblond und stupsnasig, bewegte sich ohne Eile, und seine dicke Brille funkelte sehr streng; im Knopfloch leuchtete rot eine Blume, in den Händen trug er einen Korb. Die Professorengattin, eine kleine Jüdin, die aussah wie eine Gitarre, hatte ihr schwarzes Köpfchen an seine Schulter gelehnt.

»Grüße Sie!« murmelte sie nachlässig. Wie immer lag in ihren melancholischen Augen und in ihrem ganzen Vogelgesichtchen ein Hauch von Arroganz und Überdruß: Man sollte nicht vergessen, daß die Professorengattin Marxistin war, in Paris lebte und mit berühmten Emigranten verkehrte.

»Wieso sind Sie so früh unterwegs?« erkundigte sich Natalja Borissowna.

»Wir gehen in die Pilze«, erwiderte die Professorengattin, und der Professor, um ein Lächeln bemüht, setzte hinzu:

»Man muß die Datscha nutzen.«

»Was für Langweiler!« dachte Natalja Borissowna, während sie ihnen hinterherblickte. »Ach, was für Langweiler!« wiederholte sie, als sie den Park betrat.

Auf der ausgedehnten Waldlichtung standen lauter dunkelgrüne Eichen mit weit ausladenden Zweigen. Hier versammelten sich für gewöhnlich die Datschniki. Jetzt aber befand sich die Mehrzahl von ihnen, Beamte, auf dem Weg zur Eisenbahnstation, der zwischen den Eichen verlief. Junge Damen in bunten, leichten Kleidern und Männer in Rohseide und weichen Schuhen überholten Natalja Borissowna und gingen auf dem schmalen Weg tief hinein in den Wald, wo durch das Laub des Nußstrauchs ein grünliches Zwielicht herrschte, goldene Strahlen im Schatten funkelten und die Luft noch leicht und rein war, gesättigt von dem würzigen Geruch nach Pilzen und jungem Gehölz.

Natalja Borissowna fühlte sich wohl und behaglich auf dieser Datscha-Lichtung, während sie Bekannte grüßte und auf der Bank unter ihrer Lieblingseiche Platz nahm. Sie lehnte sich auf der Bank zurück, schlug die Zeitschrift auf und widmete sich, nachdem sie noch einmal die Falten ihres Kleides glattgestrichen hatte, der Lektüre. Hin und wieder hob sie leicht den Kopf, lächelte und unterhielt sich mit den Datscha-Bewohnerinnen, die sich unter den anderen Eichen niedergelassen hatten, um dann wieder ohne Hast den Blick auf den Artikel über die Siedlerfrage zu senken.

Die Lichtung belebte sich allmählich. Es kamen Damen und Fräulein mit Handarbeiten und Büchern, Njanjas und selbstgefällige Ammen im Sarafan und Kokoschnik. Ab und an fuhren Fahrradfahrer in kindischen Anzügen spazieren und schnalzten völlig grundlos. Die Schlanken brausten im Eiltempo dahin, vorgebeugt und mit den Beinen strampelnd wie Wasserspinnen. Die Gedrungenen, bei denen der enge Anzug die breiten Hinterteile stramm umspannte, fuhren langsamer und blickten wohlgemut und fröhlich um sich. Die glänzenden Speichen der Fahrräder flirrten in der Sonne wie goldene Strahlen. Die Kinder rannten um die Wette, riefen sich mit hellklingenden Stimmen etwas zu und versteckten sich hinter den Eichen.

»Heiß ist es!« Natalja Borissowna blinzelte, ließ die Zeitschrift auf die Knie sinken und wandte sich an eine junge Frau, die nicht weit von ihr mit einer Strickarbeit dasaß.

»Wahrhaftig!« stimmte die junge Frau zu und blies sich eine lange Haarsträhne von der Wange. In der Ferne hing ein goldener Dunstschleier in der schwülen Luft.

An besonnten Stellen von Wegen und Bäumen klebten goldgrüne Fliegen. Oben, über den Wipfeln der Eichen, wo die Tiefe des Himmels gleichmäßig dunkelblau schimmerte, türmten sich Wolken mit bizarr abgerundeten Rändern. Die heitere, schmelzende Stimme des Pirols erklang mit weichen Trillern im Dickicht des Waldes.

IV

Grischa ging zu Kamenski und schlug unterwegs mit dem Krocketschläger Blumen ab.

Kamenski beschäftigte sich mit Tischlerarbeiten, und Grischa nahm Stunden bei ihm. Schon lange wollte er gerne ein Handwerk erlernen, weil es zum einen der Gesundheit zuträglich war und zum anderen irgendwann einmal vorteilhaft sein könnte zu zeigen, daß er, ein gebildeter Mensch, auch einfache Arbeiten zu verrichten wusste. Unterwegs überlegte er unter anderem, daß er sich, wenn er ausgelernt hätte, ideale Kugeln und Schläger für das Krocketspiel anfertigen würde und vermutlich auch sämtliche Möbel für sein Zimmer ... einfache, bequeme, echte Möbel. Außerdem faszinierte es ihn, daß er nun damit angeben konnte, einen »echten Tolstojaner« zu kennen.

Im Hause seines Vaters hatte Grischa von klein auf Menschen ganz unterschiedlichen Charakters kennengelernt: große Tiere verschiedener Dienstgrade und Berufe, die immer den Eindruck machten, als hätten sie soeben üppig gespeist, reiche dicke Juden, die einen schwerfälligen, watschelnden Gang hatten wie Gänse, bekannte Ärzte und Advokaten, Professoren und ehemalige Radikale. Sein Vater bezeichnete die großen Tiere hinter ihrem Rücken abfällig als Schwindler, die Juden als »Jiddenschnauze« und die anderen als Schwätzer und Nichtsnutze. Als Grischa sich ernsthaften Büchern zuwandte und Studenten kennenlernte, mußte er zu seinem Erstaunen oft feststellen, daß irgendein Schriftsteller oder ein berühmter Professor, der ein ungewöhnlicher Mensch zu sein schien, nicht mehr und nicht weniger war als »ein Idiot« oder »ein Dutzendmensch«, dessen ganze Berühmtheit auf ausländischen Enzyklopädien und auf der Bekanntschaft mit einflußreichen Personen beruhte. Und das behauptete nicht irgendwer, sondern Pjotr Alexejewitsch selbst, der nur in scherzhaftem Ton erzählen mußte, daß diese oder jene Berühmtheit sich Watte in die Ohren stopfe, gerne Backpflaumen esse und eine höllische Angst vor seiner Frau habe, um die Autorität dieser Berühmtheit in Grischas Augen ein für allemal zu untergraben. Auch Ignati brachte derartige Neuigkeiten aus der Hauptstadt mit, und er war als extrem nervöser Mensch noch entschiedener in seinen Ansichten.

»Nun ja, auch Terpentin ist zu irgend etwas nütze«, bemerkte er einmal mit den Worten von Prutkow, als sie auf die Tolstojaner und die Lehre von Tolstoj zu sprechen kamen – diese »hausgemachte Philosophie eines Autodidakten mit einem undisziplinierten Kopf«. Grischa, der Kamenski gegenüber befangen war, hatte sich angewöhnt, spöttisch die Augen zusammenzukneifen, wenn er an ihn dachte.

Kamenski lebte in der Mühle, etwa eine Werst vom Dorf entfernt. Die Mühle stand auf einer grünen Weide, von den Datscha-Gärten nach Süden, dort, wo das Gelände sich noch höher über das Tal erhob. Der Eigentümer ließ sie leer stehen: Das kleine Anwesen mit der hohen Pappel über dem strohgedeckten Dach der Hütte und dem Unkraut im Gemüsegarten verfiel allmählich. Unten im breiten Tal schimmerten die Wipfel der Wälder samten in dunklem Blau und flossen zu einem Rund zusammen. Die Mühle streckte ihre zerbrochenen, gräulichen Flügel über dem Tal aus, als wolle sie es umarmen. Sie blickte, so schien es, unentwegt dahin, wo sich der Horizont im melancholischen Dunst verlor, während die Getreidefelder von der Steppe her näher und näher an sie heranrückten; der Hof war mit hohem Gras überwuchert; die alten, grauen Mühlsteine sanken allmählich in die Erde wie Grabsteine und verschwanden in den wilden Brennesseln; die Tauben hatten die Dächer verlassen. Einzig die Grashüpfer wisperten an schwülen Sommertagen geheimnisvoll an der Schwelle zur Hütte, die friedlich in der Sonne döste.

»Da ist ja die Klause unter der Tanne!« hatte Grischa am ersten Morgen beim Anblick der Mühle geschmunzelt. Er hatte sich schon ausgemalt, wie Kamenski anfangen würde, ihn zu unterweisen und seine Seele zu retten, und er hatte sich schon im voraus mit feindseliger Kälte gewappnet. Kamenski zeigte ihm aber lediglich, wie man Bretter richtig durchsägt, und Grischa war darüber sogar gekränkt: »Er will sich nicht zu mir herablassen«, dachte er mit einem Seitenblick auf seinen arbeitenden Lehrer, und er versuchte, das Gefühl unwillkürlicher Hochachtung ihm gegenüber zu unterdrücken.

Heute kam er nach acht Uhr zur Klause. Gewöhnlich war Kamenski um diese Zeit bei der Arbeit. Heute aber war niemand in der Tenne, wo die Hobelbank stand.

»Alexej Alexandrowitsch!« rief Grischa, und als er keine Antwort erhielt, ging er zur Mühle: Dort hatte Kamenski gestern große Bretter zersägt. Doch auch die Mühle war leer. Nur ein Schwarm Spatzen flog vom Boden auf, und ein Zwergwiesel huschte geheimnisvoll wie eine Schlange das Steigrohr zum verfallenen Mehlkasten hinauf.

»Dann ist er wohl noch beim Gemüsegärtner«, überlegte Grischa, während er zur Hütte zurückkehrte.

In der Tenne, deren Türen gen Norden gingen, war es kühl vom Lehmboden; im Halbdunkel hing der Essiggeruch von Hobelspänen und Tischlerleim. Grischa mochte diesen Geruch, und er saß lange auf der Schwelle, fächelte sich mit der Schirmmütze Luft zu und blickte über das Feld, wo in zitternden Wellen der dunstige Sonnenglast des heißen Maitags waberte. Die Datscha-Gärten schienen darin wie mattgraue Silhouetten auf Glas. Saatkrähen schrien, wie immer, wenn es heiß ist, mit feiner, matter Stimme irgendwo in der Steppe. Auf dem Hof der Mühle ging nicht der kleinste Windhauch, das Gras vertrocknete zusehends ... Grischa vertrieb die Schläfrigkeit und erhob sich von der Schwelle.

Nahe bei der Schwelle lag ein Beil. Zwischen den Geräten auf der Hobelbank lagen im weißen Sägemehl zwei angebrannte Backkartoffeln und ein Buch mit welligem Umschlag. Grischa öffnete es: Das Evangelium. Auf dem Titelblatt stand geschrieben: »Mein Gott, ich schäme mich und scheue mich, meine Augen aufzuheben zu dir, mein Gott; denn unsre Missetat ist über unser Haupt gewachsen und unsre Schuld ist groß bis in den Himmel.«

»Was ist das?« murmelte Grischa, während er spürte, wie etwas Neues, Erhabenes seine Seele berührte.

»Ein merkwürdiger Mensch!« fügte er gedankenverloren hinzu und öffnete das Evangelium erneut. In der Mitte lagen Briefe (»Teure Brüder in Christus, Alexej Alexandrowitsch und Pawel Fedorytsch ...« begann einer davon) und Zettel mit Exzerpten ... Auf einem Zettel stand der Anfang eines Gedichts:

> Lange suchte ich Gott in lärmenden Städten und Siedlungen,
> Lange schaute ich gen Himmel, ob ich nicht Gott erblickte ...

Auf einem anderen Zettel standen wieder Texte:

> »So stehet nun, umgürtet an euren Lenden mit Wahrheit und angezogen mit dem Panzer der Gerechtigkeit ...«

Eine Schwalbe kam zwitschernd in die Tenne geflogen und sauste pfeilschnell wieder zurück nach draußen. Grischa zuckte zusammen und blickte ihr am Himmel lange hinterher. Der heutige Morgen fiel ihm ein, das Badehaus, das Gewächshaus – und all das schien ihm plötzlich fremd und weit weg … Er stand einen Moment lang vor der Tür zur Kate und öffnete sie dann leise.

Im Vorraum des engen Zimmers surrten die Fliegen, die Luft war stickig, die Einrichtung düster, beinahe armselig: rußgeschwärzte Balkenwände, ein verfallener Ziegelofen, ein winziges, trübes Fenster. Das Bett bestand aus Klötzen von Scheitholz und Brettern, über die nur eine Pferdedecke gebreitet war, am Kopfende lag ein zusammengerollter Halbpelz, und anstelle einer Decke gab es einen alten Tuchmantel. Auf dem Tisch, zwischen zerlesenen Büchern, lagen Dinge herum, die in dieser Umgebung merkwürdig anmuteten – ein bronzener Kerzenständer, grün angelaufen, ein großes Messer aus Elfenbein, eine Haarbürste und ein Photoporträt einer jungen Frau mit einem schmalen, traurigen Gesicht. Aus Feingefühl wandte Grischa den Blick vom Tisch ab – sein Herz krampfte sich zusammen beim Anblick dieser alten, mit Fliegendreck beschmutzten und schon lange nicht mehr benutzten Dinge und des Porträts.

Wozu diese Selbstkasteiung? Er musterte die Balkenwände, das armselige Lager und versuchte, die Seele dieses merkwürdigen Menschen zu verstehen, der einsam darauf schlief. Auch für ihn hatte es also einmal andere Tage gegeben, auch er war einmal ein anderer Mensch gewesen … Was hatte ihn dazu gebracht, sich diese bäuerlichen Fesseln anzulegen?

»Ein merkwürdiger Mensch!« wiederholte Grischa und blickte stirnrunzelnd auf die dunkle Phototypie, die über dem Bett hing – das Foto von einem Bild eines berühmten Künstlers. Es war eine grausame Darstellung der Kreuzigung, grob gemalt, mit blutendem Herzen, fast mit Ingrimm. Alles, was der menschliche Körper zu ertragen hatte, der mit Händen und Füßen an das klobige, schwere Kreuz genagelt war, spiegelte sich im Antlitz des entschlafenen Christus, der ausgemergelt war, erschöpft von den Verhören, Foltern und dem Leiden des langsamen Endes. Es fiel schwer, den geschorenen, verunstalteten Kopf des Schächers anzusehen, der an das andere Kreuz gebunden war und sich in seinen Fesseln aufbäumte, sein Gesicht mit den wahnsinnigen Augen und dem aufgerissenen Mund, der einen wilden Schrei des Entsetzens und der Verwunderung ausstieß vor dem Tod desjenigen, der sich Sohn Gottes genannt hatte … Grischa verzog das Gesicht und öffnete die Tür zum anderen Zimmer.

Hier war es sehr hell von der Sonne, der Raum war vollkommen leer und roch nach Futterkiste. Über den Boden war irgendwann einmal ein Besen in weiten Halbkreisen gefahren, doch er hatte seine Sache nicht zu Ende gebracht, und in den Ecken und auf den Simsen schimmerte weiß der Mehlstaub. An einem Fenster, wo

Stapel lithographierter Hefte lagen, ein Esperanto-Lehrbuch, Denksprüche von Epiktet, Marc Aurel und Pascal, stand ein Stuhl. Darauf saß Kamenski wohl, wenn er sich ausruhte und las. Am Fensterpfeiler waren mit Brot festgeklebte, getippte Zettel mit allerlei Sentenzen: »Über das Wort«, »Über die Liebe«, »Über das fleischliche Leben«. Dazwischen noch ein Gedicht, das mit großen Buchstaben auf einem weißen Blatt Papier stand:

> Nimm mein Leben! Jesu, Dir
> übergeb ich's für und für.
> Nimm Besitz von meiner Zeit;
> jede Stund sei Dir geweiht!
> Nimm die Stimme, lehre mich
> reden, singen, nur für Dich.

Und darunter aus Davids Psalmen:

»Du hast mir kundgetan die Wege des Lebens; du wirst mich erfüllen mit Freuden vor Deinem Angesicht.«

Wie seltsam und neu das alles für Grischa war! Voller Verwunderung blickte er um sich, er lauschte auf die Stille dieses verwilderten Anwesens und darauf, was sich in seinem Herzen regte, und ging lange von einer Ecke in die andere … Dann kehrte er in das halbdunkle Zimmer zurück, ging hinaus auf die Tenne und schlug erneut das Evangelium auf …

»Liebe Kindlein, ich bin noch eine kleine Weile bei Euch …«, las er die mit Bleistift markierten Worte vom letzten Abend Jesu mit den Jüngern. »Euer Herz erschrecke nicht« – »So euch die Welt haßt, so wisset, daß sie mich vor euch gehaßt hat.« – »Ein Weib, wenn sie gebiert, so hat sie Traurigkeit; denn ihre Stunde ist gekommen. Wenn sie aber das Kind geboren hat, denkt sie nicht mehr an die Angst um der Freude willen, daß der Mensch zur Welt geboren ist.«

Grischa nahm die Augen vom Buch und blickte lange und angespannt in eine Ecke, ohne etwas zu sehen. Auch er, dieser merkwürdige Mensch, hat Traurigkeit, »… denn unsre Missetat ist über unser Haupt gewachsen!« Der Geruch der Hütte, der von dem brüchigen Buchumschlag aufstieg, erinnerte Grischa an die schwere Arbeit, das grobe Brot, das harte hölzerne Lager, die schwarzen Balkenwände; das leere, stille und von der Sonne erleuchtete Zimmer an die lichte Einsamkeit in Momenten der Erholung und des kontemplativen, stillen Lebens.

»Du wirst mich erfüllen mit Freuden vor Deinem Angesicht!« fiel Grischa ein, und er spürte, wie sein Herz freudig und bang erschauerte und seine Augen sich mit Tränen unerklärlichen Entzückens füllten … »Solches redete Jesus«, las er weiter und empfand in den Haaren gleichsam den Hauch eines eiskalten Windes, »solches redete Jesus, und hob seine Augen auf gen Himmel und sprach: Vater, die Stunde ist da, daß du deinen Sohn verklärest, auf daß dich dein Sohn auch verkläre …« – »Ich habe deinen Namen offenbart den Menschen …« – »… erhalte sie in deinem Namen …!«

V

»Ach, Sie sind schon da!« erklang Kamenskis Stimme.

Verlegen schlug Grischa das Buch zu.

»Entschuldigen Sie«, sagte er, während er sich erhob.

»Wofür entschuldigen Sie sich?« fragte Kamenski, der mit einem Sack in der Hand vor ihm stand und ihm eindringlich ins Gesicht blickte.

»Ich habe in Ihren Büchern herumgestöbert«, antwortete Grischa salopp.

»Und was ist daran schlimm?«

»Wie gesagt, ich habe Ihr Buch genommen … nun ja, einfach ohne zu fragen …«

»*Ihr* Buch? Was heißt das?«

»Wie – was heißt das?«

»Eben – *Ihr* Buch. Warum verwenden Sie immer solche Ausdrücke?«

Sie standen einander gegenüber, und Grischa spürte, daß der eindringliche Blick von Kamenskis lächelnden Augen ihn mehr und mehr bezwang.

»Was haben Sie denn da gekauft?« erkundigte er sich, um dem Gespräch eine andere Wendung zu geben.

»Ein wenig Getreide und Zwiebeln.«

Kamenski ließ den Sack zu Boden sinken.

»Sollen wir anfangen?« fragte er. »Ich zeige es Ihnen, dann mache ich Feuer und komme zu Ihnen.«

Grischa fuhr zusammen.

»Nein, nein, machen Sie nur zuerst das Feuer.«

»Das hat keine Eile«, versetzte Kamenski. »Also los, das Brett in die Hobelbank, und dann versuchen Sie es mit der Rauhbank.«

Grischa hörte mit gespannter Aufmerksamkeit zu, wie man mit einer Rauhbank umgehen mußte, und half, das Brett in die Hobelbank einzuspannen.

»So, jetzt versuchen Sie mal!« sagte Kamenski.

Grischa packte die Rauhbank und fuhr mit solcher Kraft über das Brett, daß es nach zwei, drei Schwüngen beschädigt war.

»Immer sachte!« lachte Kamenski freundlich.

Er ging in die Hütte, holte dort einen Kochtopf mit Wasser, stellte ihn auf einen Dreifuß neben dem Eingang und entfachte ein Feuer. Ein blaues Rauchwölkchen schwebte über dem Hof. Während er immer wieder ein Auge auf Grischa hatte, holte Kamenski ein Faß hinter der Hobelbank hervor, setzte sich auf die Schwelle und begann, das Faß zu bereifen. Die Schläge des Hammers hallten laut in dem leeren Faß. Grischa paßte sich dem Gehämmer an und sauste mit der Rauhbank konzentriert hin und her über das Brett. Cremefarbene Späne fielen schön gerollt auf den Boden.

»Sie leben allein mit Ihrer Mutter?« fragte Kamenski plötzlich und ließ den Hammer sinken.

»Nein, mein Vater kommt auch oft«, antwortete Grischa hastig und hob sein schweißüberströmtes, erhitztes Gesicht. »Und in der Stadt wohnen wir immer alle zusammen.«

»Und – verziert er noch immer die Städte?«

»Wie meinen Sie das?«

»Baut er Häuser für reiche Leute? Errichtet Babylon?«

»Ach so … Wenn Sie so wollen, ja.«

»Nun, das will ich nicht!« versetzte Kamenski ernsthaft. Er legte Kartoffeln und Zwiebeln ins Wasser, sah nach dem Feuer, setzte sich wieder auf die Schwelle und machte sich an die Arbeit.

»Tja«, bemerkte er nachdenklich. »Und Ihr Bruder, was macht der?«

»Er hat gerade das Studium abgeschlossen … Jetzt arbeitet er … d.h. er ist angestellt bei einem Patron.«

»So, so«, sagte Kamenski. »Bei einem Patron … Wollen Sie auch so etwas machen?«

Grischa schwieg eine Zeitlang.

»Ich weiß es nicht«, sagte er dann leise.

Auch Kamenski schwieg eine Weile.

»Es ist gut, daß Sie das nicht wissen«, sagte er beinahe streng und blickte nachdenklich in die Weite. »Die Menschen ziehen immer noch nach Ägypten um Hilfe. Aber die Ägypter sind Menschen und nicht Gott, und ihre Rosse sind Fleisch und nicht Geist.«

Er blickte hoch zu Grischa und setzte hinzu:

»Sie werden ebenso … ebenso unglücklich und einsam, wenn Sie nicht leben, sondern dienen. Sie werden die Menschen bald vergessen, nur noch Beziehungen anstatt Menschen kennen, und Sie werden es schwer haben …«.

Grischa dachte an seine Familie und schlug die Augen nieder.

»Ich habe das am eigenen Leibe erlebt«, sprach Kamenski weiter. »Ich habe gesehen, wie der Abgrund zwischen meinen Taten und meinen Absichten wuchs, wie sich mein Leben verwandelte in einen Dienst an gestärkten Hemden; ich habe gesehen, wie der Abgrund zwischen mir und den Menschen wuchs. Und als ich ins Dorf zu den Meinen kam, wo ich ein neues Leben beginnen wollte, sah ich deutlich, wie groß dieser Abgrund war. Ich konnte diesem ganzen Gemurmel, diesem ganzen dumpfen Getöse des Dorfes nur von der Vortreppe aus zuhören, konnte das Leben der einfachen, guten Menschen, denen ich früher böse, unnütze Dinge hatte beibringen wollen, im Glauben, diese Dinge seien gut und nützlich, nur beobachten – zwischen uns war ein Abgrund. Ich war wie einer, der an einem Bach steht und trinken will, dem man aber gesagt hat, bevor er trinke, müsse man das Wasser aufwühlen, und er begann trübes Wasser zu trinken, obwohl er wußte, daß es nicht nötig war, das Wasser zu trüben …

Grischa hörte zu, bestrebt, kein Wort zu sagen. »Bist du denn jetzt nicht einsam?« hätte er gerne gefragt. Aber da er fürchtete, eine unangebrachte, ungeschickte Bemerkung zu machen und Kamenski könnte ihn daraufhin wie einen kleinen Jungen behandeln, schwieg er.

»Und das mit Ägypten«, fragte er schließlich. »Wer hat das gesagt?«

»Jesaja. Haben Sie das nicht gelesen?«

»Noch nie.«

Kamenski überlegte.

»Morgen ist Sonntag«, sagte er. »Da werden wir nicht arbeiten. Wenn Sie möchten, kommen Sie her, dann lesen wir gemeinsam.«

»Um wieviel Uhr?«

»Wann Sie wollen. Vielleicht gegen zehn. Früher geht es nicht, weil ich in die Stadt gehe, zur Post.«

»Ich komme ganz bestimmt!« rief Grischa. »Es ist so schön hier bei Ihnen!«

Er verstummte und sprach plötzlich mit Mühe:

»Hätten Sie nicht vielleicht die Güte, uns heute abend zu besuchen? Mama würde sich sehr freuen, Sie zu sehen …«

»Mit Vergnügen«, erwiderte Kamenski. »Ich gehe den Menschen nicht aus dem Weg.«

Er probierte mit einem Stäbchen, ob die Kartoffeln gar waren, stand auf und ging in die Hütte. Grischa packte hastig seine Schirmmütze. Kamenski würde offenbar gleich essen und ihn einladen … und das wäre peinlich und unangenehm und würde die ganze Stimmung verderben. Grischa hatte keinen Hunger, aber abzulehnen wäre peinlich … und selbst wenn er Hunger hätte und äße, wäre es irgendwie unpassend.

»Nun«, sagte er so gelassen wie möglich, als Kamenski mit einer irdenen Schüssel und einem Löffel in der Hand aus der Hütte trat, »ich muß nach Hause …«

Und als er spürte, daß er rot wurde, setzte er hastig hinzu:

»Wissen Sie, heute kommen mein Bruder und mein Vater ... Deshalb muß ich unbedingt ... Bis heute abend also?«

»Auf Wiedersehen, bis heute abend!« erwiderte Kamenski freundlich.

Hinter der Mühle stieß Grischa einen erleichterten Seufzer aus. Er war aufgewühlt, wollte nachdenken, aber er dachte gar nichts und ging nur immer weiter hinaus in die Steppe. Hinter ihm lag malerisch blau schimmernd das Tal, doch er wollte hinaus auf das freie Feld. Er ging über Brachäcker, die schon überwuchert waren mit hohem Gras und Blumen, und es war angenehm zu spüren, wie die Pflanzen ihm um die Füße streiften und wie der Wind, der aufgekommen war, das Gesicht mit Sonnenwärme und dem Geruch nach grünem Getreide umwehte.

»Wie schön!« rief Grischa aus, und er blieb stehen und nahm die Schirmmütze ab.

Er stand eine Weile, dachte nach, lauschte den Lerchen und sagte leise:

»Du wirst mich erfüllen mit Freuden vor Deinem Angesicht!«

Dann legte er sich rücklings auf einen Feldrain und begann das zu tun, was er in der Kindheit immer getan hatte – ganz langsam die Augen so zu schließen, daß die Sonnenstrahlen sich als leuchtend goldenes Spinngewebe bis zu den Wimpern zogen und dann in schillernde Kreise verwandelten, regenbogenfarbig wie ein Pfauenschwanz ...

»Wie soll man leben?« dachte Grischa. »Wie soll man leben, damit es einem immer gutgeht, leicht, frei und einfach? Und damit es den anderen ebenso geht? Wie soll man leben?«

Er versuchte sich vorzustellen, wie sein Leben mit dreißig, vierzig oder fünfzig Jahren aussehen würde … Doch alles war vage und unklar. Seine Vorstellung glich eher der nebligen Bläue im Tal bei der Mühle …

VI

»Woher so stürmisch?«

Grischa blieb mitten auf der Wiese stehen und hob den Kopf. Auf dem Weg vom Bahnhof her kam ein schlankes junges Fräulein im großen Hut gegangen, eine der Angestellten bei der Eisenbahn.

»Und warum bitte interessiert Sie das, Marja Iwanowna?« fragte Grischa mit der gekünstelten Gelassenheit, mit der adrette junge Männer mit hübschen Mädchen plaudern.

Marja Iwanowna reichte ihm die Hand. Ihre dunklen, kastanienfarbenen Locken fielen ihr auf die Schulter; ihr schlichtes, naives Gesichtchen mit den hellblauen Augen war ausgesprochen anmutig. Mit ihren Augen kokettierte Marja Iwanowna, keck und stolz kniff sie sie zusammen; allerdings wollte ihr die Keckheit nicht so recht gelingen, und so verlor sich Marja Iwanownas Blick zumeist im Raum, besonders wenn neue Menschen zugegen waren, obwohl sie ohne Unterlaß plapperte.

»Wie heiß es ist!« begann sie überstürzt, wobei sie sich bemühte, Grischa nicht anzusehen. »In der Bahn bekam man einfach keine Luft ... Und es war heute so eine Menge Arbeit! Ich habe meinem Patron heute schon verkündet, wenn es weiterhin so heiß ist, werde ich nicht mehr zum Dienst erscheinen.«

»Aber wer nötigt Sie denn zu erscheinen?« fragte Grischa.

»Sie sind ja reizend! Wenn ich ein Paar Apfelschimmel und eine gummibereifte Kutsche hätte, würde man mich vielleicht auch nicht nötigen.«

Grischa lächelte.

»So ist es halt«, sagte er im Ton von Kamenski. »Ohne Apfelschimmel geht es nicht, Apfelschimmel braucht man unbedingt!«

»Was soll ich denn Ihrer Meinung nach tun?«

»Pflügen«, antwortete Grischa halb im Scherz, halb im Ernst.

»Pflügen!« rief Marja Iwanowna aus. »Das ist ja ganz was Neues!«

»Keineswegs.«

»Mit einem Hakenpflug?«

»Ganz genau!«

Marja Iwanowna blickte vage in die Ferne und seufzte leicht:

»Das ist ja schön und gut in der Theorie, aber nicht in der Praxis.«

»Sie sollten die Theorie nicht von der Praxis trennen!« fügte Grischa belehrend hinzu, verneigte sich und ging rasch zu seinem Garten.

Auf der Veranda saß Natalja Borissowna beim Frühstück.

»Ignati ist angekommen!« sagte sie.

Grischa schwieg und setzte sich an den Tisch. Auf dem Tisch stand für ihn ein Gedeck mit dem Frühstück bereit: Butter, Eier, glänzende, grüne Gurken. Zwischen den Gläsern stand eine silberne Kaffeekanne, die durch die bläulichen Flämmchen einer Kerosinlampe warmgehalten wurde. Natalja Borissowna zupfte mit Messer und Gabel emsig das Fleisch von einem kalten Hühnerflügel. Grischa betrachtete ihren stämmigen Rücken, ihre gespreizten, leicht erhobenen Arme und mußte aus irgendeinem Grunde an eine Schildkröte denken. Sein schönes Gesicht wurde unangenehm.

»Wieso kommst du so spät?« fragte Natalja Borissowna in einschmeichelndem Ton.

»Wo ist denn Ignati?« fragte Grischa anstelle einer Antwort.

»Er ist zum Baden gegangen. Und du warst die ganze Zeit bei Kamenski?«

Grischa machte ein müdes Gesicht.

»Ja«, brummte er.

Natalja Borissowna läutete. Garpina trug auf einem Tablett eine Pfanne mit einem in Butter brutzelnden Beefsteak herein.

»Bring mir Wein!« befahl Grischa kurz angebunden.

Als man ihm die Flasche reichte, trank er in einem Zug ein Glas aus und machte sich hastig über das Essen her.

»Jetzt schon?« fragte Natalja Borissowna. »Und der Kaffee?«

Grischa ließ die Serviette fallen und stand auf.

»*Merci*, ich will nicht.«

»Du hattest doch noch gar nichts!«

Grischa ging in sein Zimmer und legte sich aufs Bett. Er wollte weiter nachdenken, wie auf dem Feld, die morgendliche gute Stimmung festhalten. Doch vom Wein und vom Essen schlug sein Herz angenehm heftig. Grischa streckte zufrieden die Beine aus, legte sie auf die Bettkante, schloß die Augen … und schlief auf der Stelle tief und fest ein.

Natalja Borissowna, die mit einer Gänsefeder herumspielte, lehnte sich im Stuhl zurück und blickte lange auf einen Punkt. Woran dachte sie? Das hätte sie wohl selbst nicht zu sagen gewußt. Doch als sie sich vom Tisch erhob, seufzte sie aus irgendeinem Grund tief auf und ging träge durchs Haus.

Im Schlafzimmer zog sie den Vorhang hoch, setzte sich ans Fenster und nahm mechanisch ein Buch zur Hand. Doch zum Lesen hatte sie keine Lust. Sie lenkte ihren Blick auf das Porträt von Pjotr Alexejewitsch, das auf ihrem kleinen Schreibtisch stand. Von dem Porträt her blickten die kleinen, ganz leicht zusammengekniffenen Augen eines noch rüstigen, frischen Mannes von etwa fünfzig Jahren sie eindringlich und spottlustig an. Sein ebenmäßiger, eiförmiger Kopf mit dem langen Bart, der nur an den Wangen Spuren von Grau zeigte, war noch immer stolz zurückgeworfen. Man sah, daß dieser Mann ein sorgenfreies Leben gehabt hatte und die Herrenattitüde seiner hochgewachsenen, in Maßen fülligen Figur auch im Alter beibehalten würde.

»Er ist häßlich geworden«, dachte Natalja Borissowna. »Die Schultern hochgezogen wie ein alter Mann, Tränensacke unter den Augen …«

Einen Moment lang dachte sie an ihre Jugend, an den Pjotr Alexejewitsch von früher, einen Moment lang war es ihr unangenehm, daß er sich heute so gehenließ … Aber im Grunde war er ihr heute ein vollkommen fremder Mensch, und über Vergangenes nachzudenken war ermüdend und führte zu nichts Gutem. Natalja Borissowna blickte ziellos aus dem Fenster.

Der Wind hatte sich wieder gelegt, und es war wieder heiß und langweilig. Doch die Gärten warfen schon lange Schatten, und die Datschen dösten im friedlichen nachmittäglichen Schlaf eines langen Sommertages. Ein Kremser mit Datschniki vom Bahnhof her rollte über die Straße, fuhr vorbei und verschwand unter dem Scheppern der gelockerten Radmuttern. »Zucker … Eis« klang es melancholisch von irgendwo weit her.

Und im Haus war es so still, daß in allen Zimmern das gleichmäßige Ticken der Uhr im Speisesaal zu hören war.

VII

Am Abend spielte man auf der Wiese beim Garten von Primo Krocket.

Die Sonne verschwand hinter dem üppigen Dikkicht des Waldes jenseits der Wiese, und der Wald schimmerte dunkel vor dem safrangelben Hintergrund des Sonnenuntergangs. Die Luft war trocken und warm, sogar schwül. In der Nähe der Spieler standen bekannte und unbekannte Fräulein und Studenten; sie schlenderten dann weiter, und nur die kleinen Gymnasiasten blieben als Zuschauer zurück. Sie waren fasziniert von dem ununterbrochenen Streit zwischen Grischa und Ignati.

»Und ich sage dir, du hast draufgeschlagen!« schrie Ignati hitzig und baute sich vor Grischa auf. »Ich habe hier gestanden«, fuhr er fort, während er immer mehr in Rage geriet, ein Stück davonlief und mit dem Schläger auf die Stelle pochte, wo er gestanden hatte. »Ich habe exakt hier an dieser Stelle gestanden und ganz genau gesehen, wie Marja Iwanownas Kugel den Fock berührt hat.«

Der dicke Ignati in seinem weiten, sackartigen Anzug aus Rohseide bot einen lächerlichen Anblick. Unbeholfen rannte er zwischen den Bügeln umher und nahm alle Naselang seinen Strohhut ab, um mit einem Tuch über seinen runden, kurzgeschorenen Kopf und das rote Gesicht zu fahren.

»Bind deine Schnürsenkel fest«, sagte Grischa verächtlich und deutete auf die lose baumelnden Schnürbänder von Ignatis weichen Krocketschuhen.

»Ignatik!« Mit Leidensmiene versuchte Natalja Borissowna dazwischenzugehen, aber sie mußte innerlich lachen. »Keep your temper, Sir!«

»Mama, bitte hör auf!« antwortete Ignati bissig. »Das ist einfach zu dumm! Ich habe ganz genau gesehen, wie die Kugel den Fock berührt hat.«

Grischa blickte Marja Iwanowna an und dachte, daß sie heute sehr hübsch aussehen würde, wenn sie nicht diese rote Seidenjacke angezogen hätte, deren weite Ärmel sie andauernd hochzog und zu den Schultern hochschob.

»Du bist blind, mein Lieber!« widersprach er dem Bruder träge.

»Du bist blind!«

»Egal, ich gebe nicht nach.«

»Ich gebe auch nicht nach!«

»Du machst den Schläger kaputt.«

»Na wunderbar!«

»Das ist überhaupt nicht wunderbar!«

»Ich habe vorhin schon nachgegeben«, rief Ignati und pochte wieder mit dem Schläger auf den Boden. »Du hast vorhin schon die Regeln verletzt.«

»Du immer mit den Regeln!«

»Aber natürlich! Da du sie ja nun mal nicht einhältst …!«

In dem Moment kam Professor Kamarnizki mit seiner Frau zum Krocketplatz.

»Guten Tag, die Herrschaften!« sagte Sofja Markowna. »Machen Sie weiter, machen Sie doch bitte weiter!«

Aber Grischa war es peinlich, den Streit fortzusetzen. Er wandte sich ab und sagte:

»Marja Iwanowna! Sie müssen entscheiden.«

Marja Iwanowna legte den Griff des Schlägers auf die Schultern, packte ihn mit beiden Händen, wippte auf den Fußspitzen und versetzte in kindlichem Ton:

»Ich weiß es nicht.«

Halb lächelnd, halb Grimassen schneidend hob sie ihre hellblauen Augen zerstreut gen Himmel. Grischa packte das Verlangen, hinzugehen und ihre Lippen zu küssen. Er antwortete mechanisch:

»In dem Fall spielen wir eine neue Partie. Wir erklären uns für besiegt.«

»Pawel!« sagte die Professorengattin. »Spielen wir mit?«

Der Professor willigte ergeben ein. Alle nahmen ihre Schläger und versammelten sich an einer Stelle. Ignati fuhr mit dem Tuch über die Stirn, ließ seinen Hut zu Boden fallen und trieb die Kugeln mit schnellen Schlägen zum Fock.

»Also, meine Herrschaften«, rief er im Ton eines Herolds, »wir spielen in folgender Ordnung: Pawel Antonytsch, Sofja Markowna und Grischa bilden die eine Partie, ich, Mama und Marja Iwanowna die zweite. Grischa, wir beginnen, einverstanden?«

»Einverstanden, einverstanden.«

Mit großen Schritten ging Ignati feierlich zum Fock und stellte das linke Bein zurück.

»Herrschaften, ich beginne!« rief er und schlug gegen die Kugel.

Die Kugel rollte durch den ersten Bügel, stieß gegen den Draht des zweiten Bügels und lief schräg durch den dritten Bügel.

»Das war ein Schlag!« schrie Ignati begeistert und verfolgte entzückt die Kugel, die sich wie ein Kreisel auf der Stelle drehte.

Einen Augenblick später rief er schon wieder gereizt über die ganze Wiese:

»Wenn du nicht spielen kannst, Mama, dann laß es sein! Das ist einfach zu dumm! Nicht mal krockieren können!«

»Mein Fuß ist ausgerutscht!«

Mit einem Lächeln lüpfte Natalja Borissowna erneut den Saum ihres Rocks, stellte den Schnürschuh ungelenk auf die Kugel und holte kraftvoll aus, doch der Schläger stieß seitlich an ihren Fuß und glitt ihr aus den Händen.

»Ich kann es heute nicht ...« Sie schüttete sich aus vor Lachen und ging zur Seite. Angesteckt von diesem Lachen prustete auch Marja Iwanowna los wie eine Geisteskranke.

»Zuerst, zuerst!« schrie sie, lief hinter den Kugeln her und warf sie in verschiedene Richtungen auseinander.

Ignati zog verzweifelt die Schultern hoch, er lief rot an und zeigte eine drohende Miene:

»Was zum Teufel ist denn los!« rief er mit Baßstimme, aber dann konnte er nicht mehr an sich halten und fing selbst lauthals an zu lachen.

Ein anderer Bekannter kam gefahren, der Advokat Wikentjew. Er hatte überall Bekannte, und in der Stadt zog er von der Droschke aus (zu Fuß konnte man sich ihn nur schwer vorstellen) mit weitem, jovialem Schwung den Hut vor fast allen, denen er begegnete. Er benahm sich überall wie zu Hause, stimmte mit dem Heldenmut eines italienischen Tenors überall Opernarien an und hielt sich für jedermanns Liebling.

»Halt, halt!« rief er dem Kutscher zu, um dann von der Droschke herunterzuspringen und schwankend zum Krocketplatz zu eilen. Er war ein kleingewachsener, rundlicher Mann mit kleinen Händen und Füßen. Er bezeichnete sich als »wahren Sechziger«, trug seine Krawatte nachlässig gebunden, ließ seine grauen, weichen Haare nicht schneiden und warf sie häufig salopp zurück. Sein milchiges Gesicht war jugendlich und unangenehm.

»Natalja Borissowna!« rief er und fächelte sich mit dem Hut Luft zu. »Ich bin Ihres Angetrauten ansichtig geworden!«

»Wo?« fragte Natalja Borissowna und ging ihm entgegen.

»In der Stadt.« Wikentjew küßte flüchtig ihre Hand und sah sich um. »Ja, ja, auf den Plätzen der Stadt … Er ist gestern noch zurückgekehrt, hatte ›eine Kleinigkeit getrunken‹ … Guten Tag, gnädiges Fräulein! … Meine Verehrung, Sofja Markowna …«

Er schüttelte allen die Hand und blickte sich wieder um:

»Meine Verehrung, Kollege! Belieben Sie sich schon lange hier aufzuhalten?«

»Erst seit heute«, sagte Natalja Borissowna. »Aber woher kommen Sie, Alexander Iwanowitsch?«

Wikentjew winkte ab und seufzte.

»In der Stadt war ich und auf dem Lande war ich ... bei einem respektablen Familienvater ... Nun, wie sieht es aus? Habe ich Sie gestört? Darf ich bei Ihrem fremdländischen Spiel mitmachen? ... Obwohl, um die Wahrheit zu sagen, ich bin hungrig wie ein Wolf ...«

Aber zum Spielen war es schon zu spät. Die Dämmerung schimmerte samtblau im Park, und über den Wipfeln der Eichen zeigten sich silberne Sterne ... Ein Chor junger Stimmen begann irgendwo weit weg ein langgezogenes kleinrussisches Lied zu singen, und Wikentjew fiel leise ein:

Kamen Gänse geflogen aus einem fernen Lande ...

»Wieso ist das so?« fragte er. »Wenn ein schönes Lied gesungen wird, dauert einen jemand, und man weiß überhaupt nicht, ob man weinen oder lachen soll. Gehen wir spazieren, Herrschaften! In einer solchen Nacht darf man nur mit der Natur leben.«

Um die Aussicht über das Tal zu genießen, gingen sie auf die Seite, die Kamenskis Mühle gegenüberlag, dorthin, wo die Lichter der Stadt zu sehen waren; sie ließen sich ganz ungezwungen, auf Datscha-Art, am

Abhang nieder und legten die Hüte ab. Die blaue Dunkelheit über dem Tal verdichtete sich von Osten her immer mehr. Jenseits des Flusses fuhr ein Zug vorbei, und noch lange war das ferne Rattern zu hören … Dann wurde alles still. Am Horizont flirrte die Stadt mit bleichen Lichtern, und vom Park her erklang bald das eine, bald das andere schwermütige Lied.

»Prächtig!« sagte Wikentjew. »Ich liebe diese Natur, ich liebe es, das muß ich gestehen, so im Gras zu liegen, aber … ›Der Kammerherr erfreut sich nur selten an der Natur‹! … Freilich, mitunter möchte man Fischer werden, Landstreicher oder wenigstens Tolstojaner … so ähnlich wie euer frischgebackener Vater Kamenski. Wohnt er übrigens noch hier?«

Grischa hörte aufmerksam zu.

»Ja«, erwiderte Natalja Borissowna. »Er hat versprochen, uns heute zu besuchen.«

»Sieh mal an!« sagte Sofja Markowna. »Das ist interessant. Pawel, gehen wir zu Natalja Borissowna?«

Der Professor geriet ins Stottern:

»Nein, sei so gut, geh du allein; er interessiert mich nicht, überdies muß ich zeitig zu Bett.«

»Er ist wirklich nicht interessant«, bestätigte Wikentjew. »Ich habe ihn kennengelernt. Er redet wie gedruckt, aber das ist alles nicht neu und nur in Worten gut. ›Man kann das Unfaßbare nicht fassen‹ … Selbst Lew Nikolajewitsch findet anscheinend kein Vergnügen mehr daran …«

Sie unterhielten sich darüber, daß Tolstojs Einfluß nachlasse, daß Tolstoj als Romanautor groß, als Philosoph aber schwach sei, daß er nur verneinen könne und nichts Positives hervorbringe … Grischa hörte aufmerksam zu. Wikentjews Worte stimmten ihn nachdenklich.

»Schwätzer!« nannte er Wikentjew insgeheim. »Doch zum Teil hat er wohl recht … Das ist nicht neu, das ist nicht neu …«

Sie saßen noch eine Weile da und wußten nicht, was tun. Alle fühlten sich wohl, aber alle warteten auf etwas. Und als Natalja Borissowna sagte, sie wolle Tee trinken, erhoben sich alle sehr flink, als kämen sie einer Pflicht nach.

Vor dem Eingang empfahlen sich der Professor und Wikentjew. Die anderen gingen ins Haus. Im Halbdunkel auf der Veranda erhob sich jemand langsam von einem Stuhl.

»Guten Tag!« sagte eine angenehme, ernste Stimme.

»Ach, Sie sind es, Alexej Alexandrowitsch!« rief Natalja Borissowna aus und drückte ihm freundschaftlich die Hand. »Ich bin sehr, sehr froh, Sie zu sehen … Warum hat Garpina Ihnen denn nicht die Lampe angezündet?«

»Sie ist bei Pjotr Alexeitsch.«

»Ist er denn auch da?«

»Ja, wir haben uns schon unterhalten. Er ist in sein Kabinett gegangen, um sich Wasser über den Kopf zu gießen.«

Natalja Borissowna errötete. »Mein Gott, ausgerechnet jetzt!« dachte sie, um aber sogleich heiter fortzufahren:

»Meine Herrschaften, Sie kennen sich noch nicht? Darf ich bekannt machen, bitte ...«

VIII

In allen Zimmern roch es nach Zigarre. Aus dem Kabinett drangen männliche Stimmen, man hörte das heisere Krächzen von Ilja Podgajewski, einem merkwürdigen Subjekt, der sich ständig bei Pjotr Alexejewitsch aufhielt und an all seinen Saufgelagen teilnahm. Pjotr Alexejewitsch kam selten allein und hatte dieses Mal noch einen Militärarzt mitgebracht, den er Wassja nannte, sowie seinen Sekretär Bobrizki, einen jungen Mann, der mit seinem kleinen Kopf und der großen, langen Gestalt im karierten Zweiteiler große Ähnlichkeit mit einer Giraffe hatte.

Unter den Gästen, die im hell erleuchteten Salon um den runden Tisch saßen und sich unterhielten, hob Kamenski sich durch seine hochgewachsene Gestalt und seine Kleidung deutlich ab. Seine Anwesenheit irritierte die einen und faszinierte die anderen. Marja Iwanowna scheute sich, ihn anzusehen, sie wedelte mit einem Tuch vor dem geröteten Gesicht und sprach hastig bald mit diesem, bald mit jenem, als stünde sie Rede und Antwort in einem Examen. Grischa wäre am liebsten mit ihr auf die Schaukel im Garten gegangen, doch er wußte, daß es zum Streit kommen würde, weil er bemerkt hatte, mit welch ungestümer Freundlichkeit Ignati Kamenskis Hand geschüttelt hatte: Offenbar freute er sich über einen neuen Bekannten, mit dem man sich in die Haare geraten konnte. Doch vorläufig war das Gespräch belanglos. Beteiligt war nur der Agronom, ein Mann mit goldenem Pincenez, der stets zurückhaltend, höflich und elegant war (mit der Agronomie beschäftigte er sich nur theoretisch, in der Stadt). Auch Bobrizki nahm am Gespräch teil. Er saß mit ausgestreckten Beinen leicht abgerückt vom Tisch, hielt ein Glas Tee in der Hand und spreizte beim Trinken seinen kleinen Finger weit ab, den ein Ring mit einem großen Türkis zierte.

»Darf man Ihnen Tee eingießen?« wandte sich Natalja Borissowna mit einem leichten Stocken an Kamenski.

Alle wandten sich sofort neugierig in seine Richtung: Würde er ablehnen oder nicht? Und was würde er zum Tee nehmen?

»Bitte sehr«, erwiderte Kamenski ausgesprochen höflich.

Die Tatsache, daß er entgegenkommend war, erstaunte alle ein bißchen. Gewiß wußte er, daß die Primos heute einen Abend mit einem Tolstojaner organisierten, er wußte, daß man jede seiner Bewegungen verfolgen, seine Kleidung mustern würde und hatte daher ein sauberes Hemd angezogen, sich gewaschen, seinen Bart und sein dichtes dunkelblondes, rundherum abgeschnittenes Haar gekämmt. Jetzt war sein offenes Gesicht schön.

Es kam noch ein weiterer Gast, der Statistiker Bernhard, ein bärtiger, düsterer Mensch. Er war vor kurzem aus Sibirien zurückgekehrt, und Grischa schien, die rauhen sibirischen Bauern hätten ihn gelehrt, so wortkarg zu sein. Auch jetzt setzte er sich mit einem Glas Tee schweigend in die Ecke und betrachtete die Haare in seinem üppigen dunklen Bart. Kamenski knüpfte sofort ein Gespräch über die sibirische Eisenbahn mit ihm an. Bernhard antwortete kurz angebunden, und alle anderen blickten die beiden an, als wollten sie fragen: Was interessiert Kamenski die sibirische Eisenbahn? Schließlich lehnen »sie« die Zivilisation ab!

Plötzlich sprach der Agronom respektvoll:

»Ist es wahr, daß Lew Nikolajewitsch nicht ganz gesund ist?«

»Ja«, beeilte Bobrizki sich zu antworten, »das habe ich kürzlich selbst gelesen.«

»Nein, das stimmt nicht«, entgegnete Kamenski. »Ich erhielt erst vor kurzem eine Nachricht von ihm.«

Bobrizki hob die Augenbrauen.

»Aber ich habe es doch mit meinen eigenen Augen in *Nowoje Wremja* gelesen!« erklärte er.

»Glauben Sie das nicht. Zeitungen sind dazu da, um sich Unwahrheiten auszudenken«, widersprach Kamenski mit einem geringschätzigen Lächeln.

Ignati rutschte auf seinem Stuhl hin und her.

»Nein, wissen Sie, das ist doch stark übertrieben!« sagte er mit einem unangenehmen Lächeln.

»Wo ist er denn jetzt? In Jasnaja Poljana?« unterbrach Marja Iwanowna.

»Wo denn sonst?«

Kamenski stellte die Frage sehr freundlich, aber Marja Iwanowna geriet in Verlegenheit. Sie schüttelte ihre Locken und sagte mit Mühe:

»Stimmt es, daß er nur den Sommer über auf dem Land lebt?«

»Ja, das allerdings stimmt.«

Alle blickten einander an und schwiegen. Kamenski goß Tee in eine Untertasse und hatte gerade begonnen, sich mit dem Agronomen über Bienenstöcke mit gerahmten Waben zu unterhalten, als Sofja Markowna plötzlich laut und spöttisch fragte:

»Und stimmt es, daß er seine berühmte Bluse gegen einen Fahrradfahrer-Anzug getauscht hat?«

»Das stimmt wiederum nicht«, widersprach Kamenski in sehr ernstem Ton.

Wieder blickten alle einander an, und Ignati schnaubte.

»Das verstehe ich jetzt nicht ...« begann er und wischte die Brotkrumen zusammen.

Doch in diesem Moment erklang die spöttische, klare Stimme von Pjotr Alexejewitsch:

»Und stimmt es, daß Iljuscha und ich noch betrunken sind?«

Alle fuhren herum.

Lächelnd kam Pjotr Alexejewitsch herein, in der einen Hand eine Schachtel Zigarren und in der anderen eine qualmende Papirossa, mit leicht hochgezogenen Schultern und ohne den Kopf zu wenden, so wie reiche

Leute durch ein Spalier von sich verneigenden Lakaien ein Restaurant verlassen. Nach dem kalten Wasser war er frisch und munter; die leicht zusammengekniffenen Augen glänzten, sein bräunliches, etwas aufgedunsenes Gesicht war vergnügt. Wie immer war er sehr ansehnlich: Das kleine Bäuchlein, straff umspannt von der Weste, tat seiner hochgewachsenen, robusten Gestalt keinen Abbruch; seine Beine waren vergleichsweise dünn, aber wohlgeformt.

Hingegen machte der kleine, gebrechliche Mann im langen schwarzen Gehrock, der hinter ihm herlief, einen seltsamen Eindruck: Sein greisenhaftes Gesicht, das Gesicht eines Skopzen und Alkoholikers, war gelb und ausgezehrt; die langen Mönchshaare fielen in fettigen dunklen Zotteln auf die Schultern; die kleinen Achataugen glänzten unnatürlich.

»Ilja Podgajewski, emeritierter Professor des Konservatoriums, außerdem Mönch, Trinker und mein Freund«, stellte Pjotr Alexejewitsch den Mann vor, während er die Gäste begrüßte und am Tisch Platz nahm.

»Das genügt, Pjotr!« rief Podgajewski pathetisch, er nickte allen zu und begann gedankenverloren, von einer Ecke in die andere zu schreiten, wobei er sich Pfefferminzpastillen in den Mund warf.

Ein minutenlanges Schweigen trat ein. Kamenski betrachtete aufmerksam und unbefangen bald Podgajewski, bald den Gastgeber. Letzterer bemerkte das offenbar, denn er wiederholte deutlich und jetzt nur noch an Kamenski gewandt:

»Also wie finden Sie uns? Sind wir betrunken, oder können wir schon erbauliche Gespräche führen?«

»Das wissen wir noch nicht«, antwortete Kamenski ernsthaft.

Pjotr Alexejewitsch tat, als höre er nicht weiter zu, und wandte sich an Natalja Borissowna:

»Mamachen«, sagte er, »gießen Sie mir auch ein Gläschen Tee ein, aber bitte ohne Cognac!«

»So etwas!« Natalja Borissowna fing an zu lachen.

»Ich höre, Sie sprechen über Tolstoj«, fuhr Pjotr Alexejewitsch fort, wobei er seinen Blick in die Runde schweifen ließ und jedes Wort betonte, »und so will ich nicht mehr, was ich vorher wollte, sondern ich will, was ich vorher nicht wollte. Und als ich begriff, was ich begriffen hatte, hörte ich auf zu tun, was man nicht tun soll, und begann zu tun, was ich nicht getan hatte, aber hätte tun sollen.«

Alle fingen an zu lachen.

»Eine ausgesprochen gelungene Imitierung von Tolstoj!« bemerkte Bobrizki.

»Wie scharfsinnig!« murmelte Pjotr Alexejewitsch und blähte die Nasenflügel auf.

»Was haben Sie denn nur gegen Fahrradfahrer?« fragte Ignati lächelnd, aber gleichzeitig aufgeregt und nervös den Blick abwendend.

»Habe ich etwas davon gesagt?« fragte Kamenski und zog die Augenbrauen hoch.

»Also, Sie haben das nicht gesagt, aber eigentlich ist es klar ... Und das ist merkwürdig ... Ich meine, daß jede

Arbeit, die mit der geringstmöglichen Anspannung der Muskeln ...«

Alle hörten jetzt aufmerksam zu. Kamenski aber hielt den Kopf leicht geneigt, und an seiner Miene konnte man erkennen, daß er jedes Wort ergründen wollte. Doch Ignati stockte, schnippte mit den Fingern und setzte hastig hinzu:

»Ich will sagen, daß eine solche Arbeit in jedem Fall notwendiger ist als irgendeine andere ...«

»Ich verstehe Sie nicht«, versetzte Kamenski gelassen.

»Sie verstehen nicht?« fragte Ignati zurück.

»Verzeihen Sie, ich verstehe nicht.«

Ignati zog die Schultern hoch.

»Was ist denn daran unverständlich? Drücke ich mich etwa unklar aus?«

»Nein, aber Sie haben offensichtlich nicht überlegt, was Sie sagen.«

Ignati bedeckte seine Augen, als denke er nach, ob er überlegt habe oder nicht, und sagte schließlich:

»Nein, wissen Sie, ich habe mich unklar ausgedrückt, aber es ist vollkommen verständlich, was ich sagen wollte. Ich wollte sagen, daß eine jede Arbeit ...«

»Man muß immer unterscheiden«, unterbrach Kamenski ruhig, aber bestimmt und legte die Hände auf den Tisch, »man muß immer unterscheiden, was notwendig und was nicht notwendig ist im Leben; und zwar muß man, wie Pjotr Alexejewitsch gesagt hat, wissen, was man tun soll und was man nicht tun soll.«

Er blickte flüchtig zu Pjotr Alexejewitsch und fuhr fort:

»Ja, genau so. Daher hat das Wort ›jede‹ häufig weder Bedeutung noch Sinn. Jede Arbeit! Auch der Affe hat schließlich gearbeitet, aber dann wurde ihm heiß und langweilig.«

»Also, ich verstehe nicht, von welchem Affen Sie da reden?«

»Von dem Affen, der den Holzklotz gerollt hat. Erinnern Sie sich an die Fabel? Man muß ernsthaft über die Arbeit nachdenken und diejenige auswählen, die sich nicht nur auf die geringstmögliche Anspannung der Muskeln beschränkt. Die Arbeit des Lebens ...«

Ignati geriet noch mehr in Aufregung.

»Sie meinen also offenbar, ich hätte keine Vorstellung von Arbeit?«

»Von wessen Arbeit?«

»Von Arbeit allgemein ... Ich habe nicht weniger gearbeitet als Sie und arbeite auch ...«

»Von Ihnen habe ich noch gar nicht gesprochen.«

»Aber das ist doch klar!«

»Von Ihnen habe ich nicht gesprochen. Von Ihnen werde ich noch sprechen.«

Ignati lief rot an.

»Das hängt doch wohl auch von mir ab«, versetzte er schroff. »Um Persönliches geht es hier nicht.«

»O doch, genau darum geht es. Warum sollen wir auch nicht voneinander sprechen? Wir dürfen andere nicht belehren, wenn wir mit uns selbst noch nicht im reinen sind, aber wir müssen Brüder sein und einander helfen.«

»Aber Sie sprechen doch in einem eindeutig belehrenden Ton!«

Kamenski geriet in Verlegenheit, doch er fing sich sogleich wieder.

»Ich belehre nicht«, sagte er ernsthaft. »Ich sage nur das, was mir als die Wahrheit erscheint, die ich mit dem Herzen begriffen habe. Ich zwinge Sie nicht – das ist die Hauptsache. Sie ereifern sich grundlos über mich.«

»Ich ereifere mich keineswegs, ich habe nur gesagt, daß ich nicht weniger als jeder andere weiß, was Arbeit heißt …«

»Ihren Händen sieht man das nicht an.«

»Wenn Sie«, unterbrach Sofja Markowna, und alle blickten sich zu ihr um, »wenn Sie unter Arbeit nur körperliche Arbeit verstehen, dann meine ich, daß es zumindest merkwürdig ist, Arbeit so einzugrenzen. Das geistige Leben des Menschen muß weiterentwickelt und vervollkommnet werden.«

»Ilja?« fragte Pjotr Alexejewitsch. »Ist dieser Gedanke berechtigt? Stimmt das, wir beide, du und ich, sind arbeitende Menschen und entwickeln uns geistig weiter?«

Mit einem boshaften Lächeln, das in seinen Augen aufblitzte, ließ er den Blick über die ganze Gesellschaft streifen, dann goß er Cognac in seinen Tee und trank ihn aus, als wäre es Wasser.

»Iljuscha! Was meinst du?« fuhr er an Podgajewski gewandt fort.

Podgajewski, der um den Tisch herummarschierte, wurde lebhaft.

»Einverstanden!« sagte er, während er sich ebenfalls Cognac eingoß. »Aber du hast dich mit einer Frage an mich gewandt. Also sage ich dir, mein Lieber, daß Sofja Markownas Gedanke vollkommen berechtigt ist. Und deine übliche Ironie ist hier völlig unangebracht. ›Laß sie, sie hat ihre Zeit gehabt, lebt nicht mehr‹!«

»Und wir beide haben unsere Zeit noch nicht gehabt?« fragte Pjotr Alexejewitsch.

»Wir sind Schatten, mein Lieber! Aber unser Wesen und unsere Schönheit sind e-ewig!« rief Podgajewski heiser.

Pjotr Alexejewitsch hörte ihn bis zu Ende an und sagte dann gelassen:

»Da lügst du! Wir beide sind leider keine Schatten, und Schönheit währt nicht ewig. Das Mamachen hier zum Beispiel war einmal sehr schön, aber jetzt ist sie nur noch ein alter Besen.«

Es erhob sich allgemeines Gelächter und Gerede.

»Entschuldigen Sie …!« sagte Kamenski mit glänzenden Augen.

IX

»Entschuldigen Sie, ich war noch nicht fertig«, sagte er. »Ich unterbreche Sie für einen Moment«, fuhr er fort, nur damit er sich hineindenken konnte in das, was er sagen wollte, denn er beabsichtigte, lange zu sprechen. »Ich wollte Ihnen antworten, Sofja Markowna … Lassen wir die Arbeit für einen Moment beiseite, zunächst muß man über das Leben sprechen … Und da denke ich so: Das Leben des Menschen muß vor allem auf Entdeckung und Erkenntnis gerichtet sein.«

»Die Entdeckung wovon?«

»Die Entdeckung dessen, was für den Menschen notwendig und wichtig ist, die Entwicklung seiner guten Gefühle, damit er mit Liebe und Freude seine Bestimmung auf Erden und den Willen Desjenigen, der ihn gesandt hat, erfüllen kann.«

»Desjenigen, der ihn gesandt hat«, wiederholte Ignati. »Wer ist denn das?«

»Nennen Sie ihn, wie Sie wollen – Roman, Vishnu, Ptah … kurz – den Geist des Lebens.«

»Den Geist des Lebens! Was ist der Geist des Lebens?«

»Was wollen Sie – ihn auflösen, wie eine Gleichung?«

»Keineswegs, das wäre eine Gleichung mit zwei Unbekannten, also werde ich nicht einmal versuchen sie aufzulösen … Und außerdem ist das keine Gleichung.«

Pjotr Alexejewitsch wies mit dem Kopf spöttisch zu Ignati.

»Daß Ignati sich so über eine Gleichung freuen kann«, sagte er.

»Laß mich bitte ausreden!« rief Ignati erbost. »Ich

sage also: Für mich ist das nur ein Laut, und ich weiß nicht, was er bedeutet …«

»Es geht nicht um den Laut …«

»Aber mit Verlaub: Was ist der Geist des Lebens?«

»Der Geist des Lebens? … Das Licht, und in ihm ist keine Finsternis – da haben Sie eine Definition. Das Gute, die Liebe – da haben Sie eine andere.«

»Aber warum soll ich das Gute verehren?« mischte sich Podgajewski ein und blieb abrupt vor Kamenski stehen.

»In der Tat«, fragte Ignati beifällig. »Warum eigentlich?«

»Wozu stellen Sie diese Fragen? Folgen Sie den Geboten Ihres Herzens, in dem das Gute und die Liebe enthalten sind.«

»Und wenn bei mir nichts dergleichen enthalten ist?«

»Das stimmt nicht. Schon Tertullian hat gesagt, die Seele sei eine Christin.«

Ignati blinzelte, breitete ratlos die Arme aus und hob die Schultern:

»Ja was ist das denn für ein Beweis?« rief er spöttisch mit Baßstimme. »Das Gute, die Liebe … Und wenn ich Ihrem Tertullian nicht glaube, und mein Schädel, mein Hirn …«

Kamenski runzelte die Stirn und wiederholte erbost:

»Ja, das hat schon Tertullian gesagt. Und König David hat gesagt: Die Toren sprechen in ihren Herzen: Es ist kein Gott!«

»Man sollte, so meine ich, nicht vergessen, daß David eine Menge Vorzüge, aber noch mehr Unzulänglichkeiten auf sich vereinte«, warf Sofja Markowna ein.

»Meine Herrschaften, mit Verlaub!« rief Ignati. »Wir schweifen ab, so geht das nicht …«

»Sie haben mich schließlich nicht ausreden lassen«, sagte Kamenski.

Sein Gesicht hatte sich gerötet, seine Hände strichen nervös das Tischtuch glatt.

»Nun, dann fahren Sie fort, fahren Sie fort, bitte!«

Kamenski überlegte und hob von neuem in gemessenem Ton an:

»Ich habe gesagt, der Mensch muß sich darüber klarwerden, wofür er lebt …«

»Entschuldigen Sie«, Ignati konnte wieder nicht an sich halten, »auf ein Wort … Was heißt das, ich muß mir darüber klarwerden, wofür ich lebe? Ich kann sagen, wofür ich heute in die Stadt gefahren bin …«

»Ja, ganz genau«, bestätigte Kamenski, »über das Ziel des Lebens muß man sich genauso klarwerden wie über das Ziel einer Fahrt in die Stadt. Und weiter: Es gibt das körperliche, fleischliche Leben, und es gibt das geistige, seelische Leben. Das körperliche Leben …«

»Aber das ist doch schon Metaphysik«, rief Sofja Markowna aus.

»Mit Verlaub«, begann Ignati.

»Entschuldigen Sie«, sagte nun auch der Agronom, in der Absicht, alle zu versöhnen und zu beruhigen.

Pjotr Alexejewitsch aber übertönte alle anderen:

»Iljuscha und ich leben das fleischliche Leben!«

»Die Metaphysik ist der Poesie verwandt! Ich bin für die Metaphysik!« Podgajewski schrie beinahe. »Sie sagen Arbeit; aber Fort-schritt kommt nicht durch Arbeit, sondern durch Schöpf-er-tum zustande!«

»Das ist ja wohl dummes Zeug!« setzte Sofja Markowna hinzu. »Nehmen Sie Lippert …«

Kamenski spürte, daß man ihn hier nicht zu Wort kommen ließ. Doch das, was er diesen Menschen sagen wollte, die nur aus lauter Langeweile herumschrien, wühlte ihn auf, und er erhob sich von seinem Stuhl. Ignati stand ebenfalls auf.

»Was haben Sie denn geschaffen?« fragte Kamenski beinahe streng. »Was? Ich sage Ihnen, was Sie geschaffen haben: Sklavenhalterei, Prostitution …«

»Was haben Sie denn bloß gegen Prostitution?« mischte sich Pjotr Alexejewitsch mit unverhülltem Spott ein. »Ilja hier denkt anders darüber.«

Kamenski sah Pjotr Alexejewitsch aufmerksam an, der aber wandte sich mit einem undurchdringlichen Blick ab.

»Unter den heu-ti-gen Bedingungen ist das eine unent-behr-liche Institution!« krähte Podgajewski bereits.

»Gestatten Sie … Sind die heutigen Bedingungen etwa gut?«

»Nein, Sie gestatten!«

Podgajewskis Gesicht verzog sich, seine Augen schweiften umher; das Fehlen von zwei oberen Zähnen machte ihn noch unansehnlicher.

»Nein, lassen Sie mich doch ausreden!« versuchte Kamenski so ruhig wie möglich zu widersprechen. »Sie haben genau das gesagt, was notwendig ist; wie der Mann, der auf die Frage, warum er so schlecht und so langsam fahre, antwortete, seine Achse sei gebrochen. Halt doch an, riet man ihm, und flicke sie.«

»Mit Verlaub«, begann Bernhard düster und ging auf Kamenski zu, »die heutigen Bedingungen hängen nicht nur von einem einzigen Menschen ab. Sie sind kein Fuhrwerk, in dem der gutmütige Träumer und alleinige Besitzer fährt, sondern sie sind eine Kutsche voller Volk. Und die Reparatur hängt nicht von einem einzelnen Willen ab ... Natürlich, man kann eine defekte Equipage stehenlassen, kann aufstehen und sich zu Fuß auf den Weg machen; nur ist das nicht ehrlich und kaum gut für den, der sich zu Fuß auf den Weg macht ...«

»Ja«, griff Kamenski hitzig ein, »wenn die Kutsche kaputt ist, muß man sie stehenlassen und nicht langsam weiterfahren oder alles auf die anderen oder auf ›die Umstände‹ schieben ... In jedem Fall wird die Reparatur nicht durch Groll, sondern durch Einigkeit und Liebe erreicht!«

»Vielleicht aber auch durch Verzicht auf Widerstand gegen das Böse?« unterbrach Bernhard und fing schrill an zu lachen.

Plötzlich erhob sich Pjotr Alexejewitsch.

»Mamachen!« rief er aus. »Das ist wirklich garstig von Ihnen! Sie werden mich trotz alledem nicht zum geistigen Leben erziehen. Ich habe heute nicht zu Mittag gegessen!«

»Herrschaften, gehen wir ins Speisezimmer«, lud Natalja Borissowna die Umstehenden ein.

Grischa erhob sich und verschwand in seinem Zimmer.

Allmählich erhoben sich auch die übrigen. Das Gespräch brach ab, und den zerstreuten Blicken war anzumerken, daß eine Fortsetzung nicht erwünscht war.

Der Agronom setzte sich ans Klavier und stimmte halblaut den Prolog aus dem *Bajazzo* an, wobei er sich mit einem Finger selbst begleitete. Um ihn herum standen Bobrizki, Sofja Markowna und Podgajewski; Podgajewski wiegte leicht den Kopf und wollte einstimmen. Pjotr Alexejewitsch saß in nachlässiger Haltung auf dem Diwan. Bernhard durchmaß den Raum von einer Ecke zur anderen: Er wollte nicht einmal ernsthaft mit Kamenski reden, sich selbst nicht herabsetzen. Ignati und Kamenski waren unbemerkt auf die Veranda hinausgegangen. Ignati interessierte das Essen nicht besonders, und er dachte, dieser allgemeine Angriff auf Kamenski sei etwas peinlich. Streiten wollte er nicht länger, obgleich er ein wenig gekränkt war, da er in hitzigen Gesprächen gerne die Oberhand behielt. Er stand vor Kamenski und wiederholte mechanisch immer wieder:

»Tja-a, Väterchen!«

Kamenskis Miene war streng und geistesabwesend. Mit den Ellbogen auf das Geländer der Veranda gestützt, bemühte er sich, seine Gedanken zu sammeln, denn er war fest entschlossen, das Gespräch wiederaufzunehmen.

Marja Iwanowna, halb beleuchtet von dem Licht, das aus dem Salon auf die Veranda fiel, blickte in den Garten und sagte leise voller Begeisterung:

»Wie schön!«

Im Garten war es sehr dunkel und warm. Nächtliche, verschwommene Wolken schlummerten reglos in der Dunkelheit über dem Garten. Schlaftrunken schlug irgendwo eine Nachtigall, zart stieg der Duft von Reseda aus dem Blumenbeet bei der Veranda auf …

X

Grischa saß beim Abendessen und knabberte mißmutig an den Nägeln.

Als man sich im Speisezimmer versammelt hatte, war es zu einer kleinen Peinlichkeit gekommen.

»How did you get acquainted with him?« fragte die Professorengattin plötzlich Natalja Borissowna und deutete mit den Augen auf Kamenski.

»Er kam vorbei und bat um Engels«, murmelte Pjotr Alexejewitsch.

Kamenski bemerkte milde, aber ernst:

»Ich verstehe Englisch, also sprechen Sie besser eine andere Sprache.«

Als Sofja Markowna in Verlegenheit geriet und rot wurde, setzte er gnädig hinzu:

»Sie brauchen nicht in Verlegenheit zu geraten.

Man muß Sprachen beherrschen, das bringt die Menschen einander näher. Schließlich liegt das ganze Unglück der Menschen seit Urzeiten und bis zum heutigen Abend in dem Unvermögen und der unbewußten Weigerung, mit anderen Menschen Umgang zu haben.«

Er forderte zum Gespräch heraus, und seine Miene wurde immer konzentrierter. Um ihn herum aber entspann sich eine lebhafte Unterhaltung über Bekannte und die Oper; auch das Essen beschäftigte alle: junge Kartoffeln mit Gemüse, Beefsteak, Wein … Zum Abendessen erschien auch der Militärarzt, der aussah wie ein Zigeuner. Schlaftrunken und gutmütig, wie er war, gab er sich alle Mühe, nüchtern zu erscheinen, er machte Kratzfüße, straffte die Schultern und machte den Damen mit heiserer Stimme Komplimente.

Da hielt Kamenski, als würde er sich allein an Ignati wenden, eine ganze Rede. Seine Stimme wurde feierlich, die Augen streng und ausdrucksvoll.

Er begann wieder damit, was notwendig sei im Leben. »Der moderne Mensch«, sagte er, »unterscheidet sich dadurch, daß er sich auf alle möglichen Standpunkte zu stellen vermag, ohne einen einzigen als bedingungslos richtig anzuerkennen, ohne sich für einen einzigen von Herzen begeistern zu können. Das Leben ist zu kompliziert geworden, und die komplizierte gesellschaftliche Organisation lähmt unseren Willen und reißt uns auseinander. Wir betäuben uns mit unnötigen Dingen, wir sind hypnotisiert von Büchern und haben verlernt, die Sprache des Herzens zu sprechen. Wir sind, um mit Laotse und Amiel zu sprechen, zu beschäftigt, wir lesen zu viel Gehaltloses, Unergiebiges, während wir uns bemühen müßten, das Leben zu vereinfachen, aufrichtig zu sein, unsere Seele zu ergründen, während wir uns Gott hingeben, nur Ihm dienen müßten, alles übrige ergibt sich von selbst. Wir sind der Glaubenslehren müde, der wissenschaftlichen Hypothesen über die Welt, der Streitereien um persönliches Glück, wir haben zuviel Blut vergossen, wenn wir einander dieses Glücks beraubten, während doch unser Leben aus der Unterdrückung persönlicher Wünsche und der Erfüllung des Gesetzes der Liebe bestehen soll. Bosheit ist Tod, Liebe ist Leben, sprach er. Leben ist nur im Leben des Geistes, und nicht im Leben des Körpers. Die Frucht des Geistes aber ist Liebe, Freude, Friede, Barmherzigkeit, Glaube, Sanftmut, Enthaltsamkeit … Das haben alle großen Lehrer der Menschheit den Menschen immer wieder gesagt, von Buddha …«

»Na, wissen Sie, Väterchen, Buddha war ein ziemlich beschränktes Subjekt!« unterbrach Ignati.

Kamenski hörte gar nicht zu und sprach weiter. Er beharrte darauf, daß wir selbst uns Millionen Qualen nur deshalb bereiten, weil wir nicht auf das hören wollten, was uns das Herz mit der Stimme der Liebe, der Nächstenliebe und des Wohlwollens gegenüber allem Lebenden sagt; er beharrte darauf, daß wir untergehen, wenn wir in uns die tierische Lust und Tausende unnötiger Ansprüche und Wünsche entwickeln. »Ihr seid begierig, und erlanget's damit nicht; ihr hasset und neidet, und gewinnt damit nichts«, erinnerte er an die Worte des Apostels Jakob.

»Das ist alles keineswegs neu!« waren einige Stimmen zu vernehmen. »Das haben wir alles schon gehört. Leider läßt sich nicht alles so einfach lösen. Man kann nicht nach einem Gesetz lieben. Ein merkwürdiges Rezept: Geh hin und liebe!«

Grischa wußte nicht, was er davon halten sollte – auf beiden Seiten sprach man die Wahrheit!

Mit flatternden Rockschößen marschierte Podgajewski durch den Raum und rief Kamenski ins Ohr:

»Ich sa-ge Ihnen mit den Worten eines ebensolchen Apostels, Paulus: Denn nun Ihr frei geworden seid von der Sünde, seid Ihr Knechte der Gerechtigkeit geworden.«

»Besser ein Knecht der Gerechtigkeit als der Fleischeslust«, versuchte Kamenski einzuwenden.

Podgajewski aber war schon betrunken. Betrunken war auch »Wassja«, der sich ständig zu Pjotr Alexejewitsch neigte, diesem etwas ins Ohr lallte und sich einbildete, er würde flüstern. Pjotr Alexejewitsch saß da mit gerötetem Gesicht und trübem Blick.

Ach, was kümmert es die Leut'
Wenn wir ein Fest feiern heut' ...

fing er plötzlich falsch und schrill zu singen an.

Die Damen erhoben sich und begannen sich zu verabschieden. Auch Kamenski stand auf.

»Ich bitte Sie!« sagte Pjotr Alexejewitsch. »Wollen Sie etwa schon gehen? Aber nicht doch! Kommen Sie, wir singen noch etwas.«

Kamenski zuckte die Achseln.

»Wie vergnügt Sie sind!« bemerkte er stirnrunzelnd.

»Stimmt!« bestätigte Pjotr Alexejewitsch und fügte mit einem unangenehmen Lächeln abrupt hinzu: »Apropos Arbeit! Ist der Schrank bald fertig?«

»Am Donnerstag bringe ich ihn.«

»Nach dem Regen?«

»Gibt es denn am Donnerstag Regen?«

»Der Bruce schreibt, es gibt Regen.«

»Ich glaube leider nicht an den Bruce. Auf Wiedersehen!«

»Bedauerlich! Wollen Sie nicht einen Happen essen? Sie haben doch sicher Hunger?«

Kamenski musterte ihn mit einem langen Blick, schüttelte den Umstehenden die Hand und verließ das Haus über die Veranda. Pjotr Alexejewitsch erhob sich.

»Nikolka!« schrie er durch das ganze Haus.

Als der Lakai gelaufen kam, befahl er:

»Die Pferde! Wassja, Iljuscha, wir gehen ins *Dobro pozhalowat!*«

»Pjotr Alexejewitsch«, sagte Natalja Borissowna, »ich bitte dich, laß es sein!«

»Mamachen! Hören Sie auf! Das ist peinlich vor fremden Menschen ...«

Ach, was kümmert es die Leut' ...

fing er wieder an zu singen, er umarmte den Doktor und Podgajewski und ging ins Kabinett ...

Das Haus war leer geworden. Man hörte, wie im Speisezimmer das Geschirr weggeräumt wurde. Grischa saß mit zusammengebissenen Zähnen in seinem Zimmer am offenen Fenster.

»Zu unserer Zeit hätte man solchen Leuten gar nicht zugehört«, sagte Bernhard auf der Veranda gehässig.

»Sie hören doch jetzt auch nicht zu«, antwortete Kamenski nun seinerseits boshaft.

»Wir haben unser Leben gegeben!«

»Aber Sie leben doch!«

»Keine Kalauer bitte! Sie lenken die Gesellschaft von nützlicher und ehrlicher Arbeit ab und locken sie in Ihre Klause unter der Tanne.«

»Was bezeichnen Sie denn als Arbeit? Sieht diese Datscha etwa aus wie ein Haus, wo gearbeitet wird?«

»Ich spreche nicht von dieser Datscha. Sie brauchen gar nicht zu sticheln. Die Liebe! ... Sie kochen doch vor Zorn, Sie wollen doch den Kampf ... Im Moment zum Beispiel hassen Sie mich.«

»Glauben Sie mir, als Bruder«, widersprach Kamenski hitzig, »ich hege keinerlei Zorn gegen Sie. Denken Sie an Pascals Worte: Es giebt nur drei Arten von Menschen: Die einen dienen Gott, da sie ihn gefunden haben, die andern bemühen sich ihn zu suchen, da sie ihn noch nicht gefunden, die dritten endlich leben, ohne ihn zu suchen und ohne ihn gefunden zu haben.«

»Schon wieder Texte!«

»Ja, Texte!« wiederholte Kamenski, wieder mit Inbrunst.

»Gute Nacht!« erklang Ignatis Stimme nach einem Weilchen.

»Leben Sie wohl!« erwiderte Kamenski traurig und ernst.

XI

Bei Tagesanbruch wurde Grischa vom Donnergrollen geweckt. Er schlug die Augen auf.

Der Tag war grau und regnerisch. Von den heraufziehenden Wolken wurde es dunkel im Zimmer; in der Dämmerung zuckte der rötliche Widerschein eines Blitzes auf, dann erhob sich ein dumpfes Getöse. Es näherte sich mit schweren Schlägen, so daß die Fensterscheiben klirrten, und entlud sich plötzlich in einem Knall und heftigen Schlägen unmittelbar über dem Dach des Hauses ... Regen begann zu fallen, zunächst sachte, dann immer mehr und mehr, und der Garten, still geworden, und das üppige Dickicht aus saftigem Grün vor den offenen Fenstern standen reglos da und sogen die Feuchtigkeit auf. Der schwere Duft blühender Pappeln erfüllte die feuchte Luft.

Grischa wollte schon aufstehen, als im Speisezimmer die schweren Schritte von Pjotr Alexejewitsch erklangen. Er befahl dem Lakaien etwas, was nicht zu verstehen war, woraufhin dieser mit den Schlüsseln klapperte und den Schrank öffnete.

»Grischa!« war plötzlich Pjotr Alexejewitschs Stimme aus dem Salon zu hören.

Grischa gab keine Antwort.

Pjotr Alexejewitsch trat an die Schwelle und schob die Portiere auseinander. Er trug einen Hut und einen Kragenmantel, der ihm von den Schultern rutschte.

»Schläfst du?« fragte er.

»Nein«, antwortete Grischa und runzelte die Stirn. »Wieso?«

»Nur so … Weißt du, ich wollte dich etwas fragen …«

»Nämlich?«

»Nämlich … Hm! … Na, ist ja egal … Ich wollte dir folgendes sagen: Ist dir aufgefallen, daß das Schwein ein sehr ironisches Tier ist? … Das zum einen …«

Pjotr Alexejewitsch geriet ins Stocken.

»Und zum zweiten wollte ich einen Moment zu dir hereinschauen …« fuhr er langsam fort. »Ich wollte dir Bescheid geben, daß ich gerade eben Kamenski getroffen habe … Er ist schon unterwegs in die Stadt, mein Lieber … Und weißt du, was er mir gesagt hat? Er hat gesagt, ich sei die neue, die sogenannte ›ehrliche‹ Intelligenzija, aber mit allen Merkmalen eines ganz gewöhnlichen Bourgeois, also eines echten Schweins … Und das sei die Ausgeburt der letzten Tage ... Das ist nicht schlecht! Ein toller Spruch!«

Und Pjotr Alexejewitsch fügte im Tonfall von Kamenski hinzu:

»Denn eurethalben wird Gottes Name gelästert unter den Heiden! ... Wie gefällt dir das?«

Grischa schwieg.

»Du schweigst?« fing Pjotr Alexejewitsch wieder an. »Dann schweig, mein Lieber! Aber weißt du was? Denk über dich nach ... denk nach und erschieß dich besser, wenn dir nichts einfällt ... Erschieß dich unbedingt, wenn du nichts anderes als ein ironisierendes Schwein wirst!«

Der Regen rauschte herab und prasselte gleichmäßig und eintönig auf das Gras und die Bäume. Mit weichen Trillern schallte die Stimme eines Pirols durch den Regen.

Grischa lag auf dem Bett und lächelte böse und rätselhaft ...

Auf dem Land

I

Als ich klein war, schien mir immer, daß mit den Weihnachtsfeiertagen der Frühling beginnt. »Der Dezember – das ist der Winter«, dachte ich. Im Dezember ist das Wetter meist rauh und trüb. Es wird nur zögernd hell, die Stadt versinkt am Morgen in einem graublauen, frostigen Nebel, und die Bäume sind mit dichtem, fliederfarbenem Rauhreif überzogen; die Sonne ist den ganzen Tag über nicht zu sehen, und erst am Abend bemerkt man ihre Spur, wenn in dem schweren Dunst im Westen das trübe Abendrot lange und düster glimmt ... Ja, das ist der richtige Winter!

Ungeduldig wartete ich immer auf die Weihnachtszeit. Wenn ich Ende Dezember am Morgen ins Gymnasium lief und in den Geschäften allerlei buntes Spielzeug und glitzernden Weihnachtsbaumschmuck entdeckte, wenn ich auf dem Markt ganze Wagenladungen dieser grünen Tannenbäume sah, die man eigens für die Feiertage gefällt hatte, wenn ich an den Fleischständen auf dem Markt ganze Berge hartgefrorener geschlachteter Schweine und Ferkel und geschlachteten, gerupften Geflügels sah, sagte ich mir freudig:

»Jetzt ist bald Weihnachten! Bald ist der richtige Winter vorbei, dann geht es auf den Frühling zu. Ich fahre zwei ganze Wochen aufs Land und werde dort den Frühlingsanfang erleben.«

Mir schien, man könne nur auf dem Land wahrnehmen, daß der Frühling anbricht. Mir schien, nur dort gebe es richtige, helle Sonnentage. Und das stimmt, denn in der Stadt vergessen wir die Sonne, wir sehen den Himmel nur selten und bewundern eher die Aushängeschilder an den Geschäften und die Mauern der Häuser.

Endlich war nun der lang erwartete, freudige Tag gekommen. Am Abend ertönte plötzlich die Klingel im Flur unserer Wohnung, ich stürmte Hals über Kopf in die Diele und prallte dort mit einem hochgewachsenen Mann im Waschbärpelz zusammen. Der Kragen des Pelzmantels und die Mütze auf dem Kopf des hochgewachsenen Mannes waren mit Rauhreif bedeckt.

»Papa!« jubelte ich.

»Geh weg, geh weg, ich bin ganz kalt«, sagte der Vater munter, und tatsächlich, er roch gut nach frostiger Frische, nach Schnee und Winterluft.

Den ganzen Abend über wich ich nicht von Vaters Seite. Nie liebte ich ihn so sehr wie an diesen Abenden, und nie schlief ich so selig ein!

Ich schlief ein, freudetrunken von den Träumen über die morgige Reise aufs Land, und wirklich, das war eine lustige Reise! Der Zug läuft schnell durch die ebenen, verschneiten Felder, der Waggon ist von der Morgensonne hell erleuchtet. Weißer Qualm wabert in wogenden Schwaden an den Fenstern vorüber, sinkt nieder und breitet sich über den Schnee entlang der Bahnstrecke aus, und breite Schatten wandern über den Waggon. Das Sonnenlicht scheint davon zu verblassen, dann wieder bricht es in leuchtenden, bernsteingelben Streifen zum Fenster herein … Lustig ist es auch, weil im Waggon so viele Menschen sind, weil es so eng und lärmig ist!

Da ist auch schon die einsame, vertraute Haltestelle mitten in den verlassenen Feldern. Ganz still ist es auf den Feldern nach dem Rattern des Zugs! Man lehnt sich in den Rücksitz des Schlittens zurück, schließt die Augen – dann schaukelt man nur noch hin und her und hört nur noch das Bimmeln des Glöckchens über der locker gespannten Trojka und das Quietschen und Klopfen der Schlittenkufen auf dem holprigen Weg. Das Mittelpferd trabt im Paßgang, die sehnigen Außenpferde schnauben und laufen im Galopp, Schneeklumpen prasseln gegen die Front des Schlittens, und neben dem Schlitten windet sich, blitzschnell wie eine Schlange, die lange Peitsche des Kutschers. Wenn man sich umdreht, scheint das Band des Weges unter den Schlittenkufen hervorzuschlüpfen und zurückzulaufen in das ebene, verschneite Feld …

Später geht es im Schritt über die von Schneestürmen zugewehten Wiesen, vorbei an schroffen Wänden mit überhängenden Schneemassen! Wie riesige Muscheln krümmen sich die Kämme dieser Schneeüberhänge nach innen. Deutlich und scharf zeichnen sich ihre sauberen, kalten Skulpturen gegen den Himmel ab: Der Himmel scheint von unten tief dunkelblau! Die Seitenpferde spielen, schnappen im Lauf mit den Lippen nach Schnee und pusten ihn wieder weg …

»He, he!« brüllt der Kutscher drohend und knallt mit der Peitsche, und wieder klopft der Schlitten über den holprigen Weg, und das Glöckchen bimmelt hell im Takt der rhythmisch schwankenden Duga …

Unterdessen geht der kurze Tag bereits zu Ende; von Westen her sind lila Wölkchen aufgezogen, die Sonne ist dahinter verschwunden, und der stille Winterabend bricht an. Über die bläulichen Schneefelder breitet sich nach Osten hin der frostige Dunst der Nacht. Darin verliert sich in der Ferne der verschneite Weg, Totenstille liegt über der Steppe. Nur die Schlittenkufen quietschen leise auf dem Schnee, und das Glöckchen bimmelt bedachtsam: Die Pferde gehen im Schritt. Ammern fliegen lautlos vor ihnen über den Weg … Irgendwo an einer Kreuzung gesellt sich ein Bauer mit einem Holzschlitten zu uns, und das rauhreifbedeckte Maul seines struppigen, breiten Pferdchens, das hinter unserem Schlitten hertrabt, pustet mir gleichmäßig warmen Dampf in den Nacken.

»Fahr mir nicht rein!« läßt sich manchmal die Stimme unseres Kutschers in der Totenstille des Feldes vernehmen.

Der Bauer ruft daraufhin auch etwas, springt an den ausgefahrenen, glatten Stellen herunter und schwingt sich seitwärts im Laufen wieder auf seinen Schlitten.

Ringsum dunkelt es immer mehr, und es ist schon Nacht, als wir das vertraute Dorf erreichen. Die Nacht ist dunkel, aber sternenklar; die kleinen Sterne flackern wie spitze, blaue Flämmchen, die großen funkeln im schillernden Glanz bunter Steine. Im Dorf sieht man hier und da noch ein rötlich schimmerndes Fensterchen in den sich schemenhaft dunkel abzeichnenden Bauernkaten … In der klaren Frostluft hallt das Knarren eines Tors oder das Gebell eines Hundes laut wider …

Ein Gefühl von tiefer Zufriedenheit und Ruhe erfüllt die Seele, wenn man endlich langsam auf die Schneewehe vor der Vortreppe des erleuchteten, warmen kleinen Landhauses zufährt!

II

»Aber wo ist denn der Frühling?« werden Sie fragen.

Erfüllte denn nicht den ganzen heiteren, sonnigen Tag über, als wir aufs Land fuhren, ein frühlingshaft freudiges Gefühl die Seele? Schlug ich denn nicht, als ich am nächsten Morgen im Kinderzimmer erwachte, mit einem frühlingshaften Gefühl die Augen auf?

In den großen Zimmern unseres altertümlichen Hauses herrschte am Morgen immer ein blaues Dämmerlicht. Das kam daher, weil das Haus von einem Garten umgeben war und der Frost die Fensterscheiben von oben bis unten mit silbrigen Palmwedeln und irisierendem, gemustertem Farnkraut verziert hatte. Ich schaffte es noch vor dem Morgentee, durch alle Zimmer zu laufen, all die Verzierungen zu betrachten, die der Frost über Nacht angebracht hatte, und sogar noch rasch in den Flur zu schauen, wo die Skier standen.

»Papa, ich gehe ein bißchen Skilaufen«, sagte ich nach dem Tee zaghaft zu meinem Vater.

Der Vater blickte mich durchdringend an und erwiderte lächelnd:

»Du bist ein solcher Wildfang! Ein echter Wogule! Es ist doch noch kalt, du wirst dir die Nase abfrieren …«

»Ich gehe auch nur für einen Moment …«

»Nun, wenn das so ist, dann lauf!«

»Ich bin ein Wogule, ich bin ein Wogule«, rief ich, und vor Freude hüpfend machte ich mich fertig.

Die scharfe, frostige Luft geht einem nur so durch Mark und Bein, wenn man aus dem Haus kommt. Hinter dem Garten schimmert noch kalt das Morgenrot. Die Sonne hat sich soeben erst als feuriger Ball aus dem verschneiten Feld erhoben, doch die ganze Szenerie des Dorfes glitzert schon in den hellen und wunderbar zarten, klaren Farben des nördlichen Morgens. Die Rauchfahnen über den weißen Dächern färben sich rötlich und lösen sich allmählich auf. Der Garten liegt in silbrigem Rauhreif … Genau dort will ich hin! Ich stieg auf die Skier, umringt von den Jagdhunden, und machte mich eilig auf in den tiefen Schnee, in dem man bis zum Hals versinken konnte.

»Ich bin ein Wogule!« rief ich den Hunden zu, während ich mich durch den flockigen Schnee zu dem beim Garten gelegenen Weiher vorkämpfte.

Dort, auf den alten Salweiden, hält sich bis zum Mittag dichter, pelziger Reif. Es ist lustig, ihn abzuschütteln und zu fühlen, wie er mit seinem kalten Flaum das Gesicht bestäubt! Noch lustiger ist es zu schauen, wie die Knechte auf dem Weiher Eislöcher hacken und gewaltige Eisblöcke aus dem Wasser ziehen. Wie Quadrate aus hellem Bergkristall glänzen diese Eisblöcke in der Sonne in irisierenden Grün- und Blautönen.

Gegen Mittag bricht der sonnige Tag endgültig an. Von der Überdachung des Vorbaus fallen Tropfen. Wie Elfenbein glänzt der abgeschliffene, holprige Weg, der über die Viehweide des Dorfes führt.

»Der Frühling, bald ist es Frühling!« denkt man und schließt die Augen unter der Liebkosung der Sonne.

Man möchte den ganzen Tag lang draußen bleiben! Es ist die reinste Freude. Ob man auf den Hof schlendert, wo melancholische Kühe an der Krippe dösen, hin und wieder tief seufzen und die Flanken aufblähen, wo den Winter über abgemagerte Pferde umhertrotten und Schafe sich in einem Haufen zusammendrängen; ob man auf die Tenne geht und unterwegs hört, wie sich die Spatzen in den Akaziensträuchern tummeln und zwitschern, wie sie plötzlich mit ihrem ganzen lärmenden Schwarm aufsteigen und wie ein Regenschauer auf das Dach der Getreidedarre herunterprasseln … das alles ist die reinste Freude … Und auf der Tenne in der Stille der schneeverwehten Schober und Strohballen ist es besonders behaglich. Es ist schön, in der Sonne zu liegen, auf einem Garbenhaufen, im Stroh, das so scharf nach Mäusen und Schnee riecht!

Das ganze Fest verging für mich im Zauber dieser Sonnentage, in freudigen Träumen vom nahen Frühling.

Da vergaß man den Unterricht, sogar die Skier vergaß man, saß die ganze Zeit in dem von der Sonne erleuchteten Saal, blickte auf die weiten, verschneiten Felder, die schon frühlingshaft glänzten im goldenen Glimmer der festen Schneekruste.

III

»Sei nicht traurig, sieh mal«, pflegte der Vater zu sagen, wenn man mich schließlich wieder für die Stadt fertig machte, »eh du dich versiehst, ist der Frühling da. Noch zwei Monate, dann kommt die Karwoche, dann der Sommer. Wenn du wiederkommst, schenke ich dir ein Fohlen, und wir reiten zusammen aus, gehen Wachteln jagen …«

Ich war sehr traurig, das Elternhaus zu verlassen, aber ich war völlig einverstanden mit meinem Vater: Jetzt war es bald Frühling!

»Wahrhaftig, Papa, es riecht schon richtig nach Frühling!« sagte ich dann, wenn wir am nächsten Morgen im Schlitten saßen, die vom Schneesturm am Vortag in der Toreinfahrt aufgetürmte Schneewehe hinter uns ließen und in dem frischen Wind mit dem Geruch nach jungem Schnee tief durchatmeten.

»Magst du den Frühling?« fragte der Vater dann mit einem Lächeln.

»Ja, sehr, Papa! Und wie!«

»Und das Dorf magst du auch?«

»Natürlich …«

»Das ist gut«, sagte der Vater dann. »Wenn du groß bist, wirst du verstehen, daß der Mensch nah an der Natur leben, die heimatlichen Felder lieben muß, die Luft, die Sonne, den Himmel … Es ist nicht wahr, daß es auf dem Land langweilig ist. Es gibt viel Armut auf dem Land – das ist wahr, und das heißt, man muß etwas tun, damit es weniger Armut gibt, den Menschen auf dem Land helfen, mit ihnen und für sie arbeiten … Man kann gut leben auf dem Land!«

»Das stimmt, das stimmt!« dachte ich. »In der Stadt riecht es nicht einmal nach Frühling. Aber hier riecht man ihn. Die Eislöcher dort drüben sind schon schwarz, sie fangen schon an zu schmelzen …«

Wir fahren durch das große Dorf über dem Fluß, und ich kann mich gar nicht satt sehen an der Umgebung.

Schmutzige Bauernkaten stehen dunkel zwischen den Schneewehen; doch bald tauen die Schneewehen, und selbst diese ärmlichen Katen werden sauber und fröhlich. Ja, es ist schon jetzt fröhlich darin, besonders in den Ziegelkaten, in denen die wohlhabenderen Familien leben. Wie gerne betrat ich immer diese Katen, wenn wir haltmachten, um die Pferde zu füttern.

In den Ziegelkaten bei den reichen Bauern ist es immer klamm, Kohlendunst hängt als grünlicher Dampf in der warmen Luft, auf dem Boden liegt feuchtes Stroh, doch es riecht immer appetitlich nach Korn, viele Menschen sind da, und alle sind bei der Arbeit: Der eine läßt eine Tischlersäge surren, die eine bauschige weiße »Welle«

aufwirbelt, der andere repariert ein Kummet und zerrt den durch das Leder gezogenen Pechdraht ruckartig auseinander, und ein Mann, der viel herumgekommen ist, ein Schneider in einer stecknadelgespickten Weste und mit einer Docke Garn um den Hals, unterhält alle mit seinen Geschichten. Er hockt zusammengekauert auf einem Schemel, das eine Bein untergeschlagen, das Knie des anderen hochgestellt, so daß es beinahe das Gesicht berührt, und schafft es, mit dem großen Zeh des bloßen Fußes die Kante eines Stücks Tuch oder eines Schaffells zu halten und eifrig zu nähen; dabei schwatzt er ohne Unterlaß und lächelt versonnen mit seinen fröhlichen, klugen Augen, wobei er die Haare aus der Stirn schüttelt und gegen das Licht einen Faden einfädelt. Alle blicken ihn wohlwollend an. Er gehört überall dazu, selbst für die Kinder, die er abends auf den Armen wiegt und an seinem Bart zupfen läßt, und dann klappert er plötzlich mit den Zähnen, kläfft wie ein Hund und schnappt mit dem Mund nach den Kinderhändchen, worauf das Kind, das atemlos auf diesen Schabernack gewartet hat, freudig jauchzt und sich kugelt vor Lachen …

Ich habe ihn schon mehrmals gesehen und mustere ihn voller Neugierde. Aber es ist Zeit zu fahren. Wir verabschieden uns von den Bauersleuten und gehen hinaus auf die Vortreppe. Der Hausherr, der uns hinausbegleitet und mit Mütze, aber nur im Hemd auf der Vortreppe steht, sieht mich an und sagt lächelnd: »So, junger Herr, und jetzt geht es also bis zum Frühling in die Stadt?«

»Ja, bis zum Frühling«, sage ich, »aber es ist schon bald Frühling!«

»Sicher, sicher!« stimmt der Bauer mir zu.

Wieder fahren wir vorbei an den schwarzen Bauernkaten, vorbei an den Hügeln, wo kleine Jungen auf Eisbrocken hinunterrutschen, und über die Wiesen, wo in den hohen Weiden die Nester der Saatkrähen schwanken, und neben den höckrigen Rändern der Eislöcher schwenken die Weiber flink ihre Wäsche im dunklen, eiskalten Wasser und unterhalten sich laut …

Aber schon ist das Dorf zu Ende. Vor uns liegt nur das Feld, ein weißer Schleier flockigen Schnees. Wie viel Schnee sich über Nacht in den Talsenken angesammelt hat. Auf dem Feld ist es wieder windig; der Wind bläst die Mähnen und die Schweife der Pferde zur Seite, der Weg ist mühsam; doch die Pferde sind stallmüde, sie scheinen sich über den Wind und die Weite der Felder zu freuen und tragen uns rasch voran … Der Himmel ist ganz von Wolken verhangen, in der Ferne schimmert dunkel der Wald.

»Das Tauwetter hat eingesetzt«, denke ich.

Und ich stelle mir vor, wie lange sich nun diese grauen Tage hinziehen, wenn auf den Feldrainen in der leeren Steppe der vorjährige Wermut trübselig im Wind schwankt. Aber trotzdem ist der Frühling nah! Derselbe Wind wird bald wärmer, und wenn der März anbricht, rauscht er im Glanz der Frühlingssonne fröhlich durch die Birkenwälder und weckt die Natur aus dem Winterschlaf. Dann braust das Hochwasser in den Schluchten, die Vögel kommen aus dem fernen Süden, die Felder werden grün …

Schön ist es auf den Feldern!

In später Nacht

War es ein Traum, oder war es eine Stunde jenes geheimnisvollen nächtlichen Lebens, das einem Traumgesicht so ähnlich ist? Mir schien, als ziehe der traurige Herbstmond schon lange seine Bahn über der Erde, als sei die Stunde gekommen, innezuhalten von aller Lüge und Hektik des Tages. Ganz Paris bis in den hintersten, armseligen Winkel hinein schien schon im tiefen Schlaf zu liegen. Ich hatte lange geschlafen, und schließlich wich der Schlaf langsam von mir, wie ein besorgter, besonnener Arzt, der sein Werk getan hat und den Kranken erst dann allein läßt, wenn dieser tief durchatmet, die Augen aufschlägt und zum Zeichen seiner Rückkehr ins Leben ein zaghaftes, freudiges Lächeln zeigt. Als ich erwachte und die Augen aufschlug, fand ich mich im stillen, hellen Reich der Nacht.

Ich ging lautlos auf dem Teppich durch mein Zimmer in der vierten Etage und trat an eines der Fenster. Ich blickte bald in das große, von schwachem Dämmerlicht erfüllte Zimmer, bald durch das Oberlicht des Fensters auf den Mond. Der Mond übergoß mich mit seinem Schein, und mit nach oben gerichtetem Blick sah ich lange in sein Antlitz. Das Mondlicht, das durch die fahlweiße Spitze der Gardinen sickerte, milderte die Dunkelheit in der Tiefe des Zimmers. Von dort aus war der Mond nicht zu sehen. Doch alle vier Fenster waren hell erleuchtet, ebenso wie das, was in ihrer Nähe war. Durch die Fenster fiel das Mondlicht in blaßblauen und blaßsilbrigen Bögen herein, und in jedem dieser Bögen lag ein rauchgraues Schattenkreuz, das sich an den beschienenen Sesseln und Stühlen weich brach. In einem Sessel am äußersten Fenster saß die, die ich liebte – ganz in Weiß, einem Mädchen gleich, blaß und wunderschön, müde von allem, was wir durchlebt hatten und was uns so oft zu bitteren, erbarmungslosen Feinden gemacht hatte.

Warum schlief auch sie nicht in jener Nacht?

Ich vermied es, sie anzusehen, und setzte mich zum Fenster, neben sie … Ja, es war spät – die gesamte vierstöckige Wand der gegenüberliegenden Häuser war dunkel. Die Fenster gähnten schwarz wie blinde Augen. Ich warf einen Blick nach unten – der schmale, tiefe Korridor der Straße war ebenfalls dunkel und leer. Und so war es in der ganzen Stadt. Nur der bleiche, leuchtende Mond, leicht geneigt, zog seine Bahn und blieb gleichzeitig in den rauchgrauen, dahineilenden Wolken unbeweglich stehen, einsam wachend über der Stadt. Er sah mir direkt in die Augen, hell, aber schon leicht abnehmend und deshalb traurig. Die Wolken schwebten wie Rauch an ihm vorbei. In der Nähe des Mondes waren sie hell und zerrannen, weiter weg ballten sie sich zusammen, und hinter den Dachfirsten zogen sie als düstere, schwere Kette dahin …

Seit langem hatte ich keine Mondnacht mehr gesehen! So kehrten meine Gedanken wieder zurück zu jenen fernen, beinahe vergessenen Herbstnächten, die ich einst in der Kindheit, in der hügligen, kargen Steppe Zentralrußlands, gesehen hatte. Dort blickte der Mond unter das Dach meines Elternhauses, und dort wurde mir sein sanftes, bleiches Gesicht erstmals lieb und vertraut. In Gedanken verließ ich Paris, und für einen Augenblick erschien ganz Rußland vor mir, als ob ich von einer Anhöhe aus auf eine gewaltige Niederung hinunterblicken würde. Da ist die goldglitzernde, einsame Weite der Ostsee. Dort die düsteren Kiefernwälder, die sich gen Osten hin im Dämmerlicht verlaufen, dort lichte Wälder, Sümpfe und kleine Waldstücke, hinter denen zum Süden hin endlose Felder und Ebenen beginnen. Über Hunderte von Werst gleiten im Mondlicht matt schimmernde Eisenbahnschienen durch die Wälder. Schläfrige bunte Lichter blinken entlang der Strecken und laufen, eines nach dem anderen, in meine Heimat. Vor mir sanft gewellte Felder, darin ein altes, graues Gutshaus, baufällig und bescheiden im Mondlicht ... Ist es wirklich derselbe Mond, der einst in mein Kinderzimmer blickte, der mich später als Jüngling sah und der jetzt meinen Kummer über meine unglückliche Jugend teilte? Er tröstete mich im hellen Reich der Nacht ...

»Warum schläfst du nicht?« vernahm ich eine zaghafte Stimme.

Daß sie mich nach dem langen, beharrlichen Schweigen als erste ansprach, traf mich schmerzlich und süß ins Herz. Ich antwortete leise:

»Ich weiß nicht ... Und du?«

Wieder schwiegen wir lange. Der Mond war zusehends auf die Dächer herabgesunken und blickte schon tief in unser Zimmer.

»Verzeih!« sagte ich und ging zu ihr.

Sie gab keine Antwort und schlug die Hände vor das Gesicht. Ich ergriff ihre Hände und zog sie von den Augen. Über ihre Wangen rollten Tränen, ihre Brauen waren erhoben und zitterten wie bei einem Kind. Ich ließ mich zu ihren Füßen auf die Knie nieder, schmiegte mich mit dem Gesicht an sie und ließ meinen und ihren Tränen freien Lauf.

»Aber ist es denn deine Schuld?« flüsterte sie kleinlaut. »Ist denn nicht alles meine Schuld?«

Sie lächelte unter Tränen ein freudiges und bitteres Lächeln.

Ich sagte ihr, es sei unser beider Schuld, weil wir beide das Gebot der Freude gebrochen hatten, für die wir auf Erden leben sollten. Wir liebten einander wieder, wie nur diejenigen lieben können, die gemeinsam gelitten, gemeinsam geirrt, dafür aber auch gemeinsam die seltenen Augenblicke der Wahrheit erlebt hatten. Und nur der bleiche, traurige Mond sah unser Glück …

Antonäpfel

I

Herbst, ununterbrochen gehen Regengüsse nieder; auf der Straße rattern die Wagen der Mietkutscher, und mit Getöse und Gepolter rollen die schwerfälligen Pferdebahnen durch die Menge; ganze Tage lang sitze ich bei der Arbeit, blicke zum Fenster hinaus, auf die nassen Aushängeschilder und den grauen Himmel, und alles Ländliche ist weit weg. Aber an den Abenden lese ich die alten Dichter, die mir nahe sind von der Lebensweise her, vom Geist und selbst von der Gegend – der Landschaft Zentralrußlands. Die Schubladen meines Schreibtischs sind voller Antonäpfel, und ihr kräftiges Aroma – ein Duft nach Honig und herbstlicher Kühle – versetzt mich auf die Landgüter, in jene Welt, die verkümmert und zerfallen ist, die zugrunde geht und von der man in fünfzig Jahren nur aus unseren Erzählungen wissen wird …

Ich erinnere mich an einen freundlichen Frühherbst. Im August hatte es warme Regenschauer gegeben, die wie mit Absicht zur Saat niedergingen – genau zur richtigen Zeit, um die Mitte des Monats, etwa zur Zeit des St. Laurentius-Feiertags. Denn »um Herbst und Winter ist es gut bestellt, wenn zu Laurenti das Wasser still ist und ein leichter Regen fällt«. Im Altweibersommer gab es dann viele Spinnweben auf den Feldern. Auch das ist ein gutes Zeichen: »Wenn zu Altweiber viele Spinnen Netze weben, wird's im Herbst eine saftige Ernte geben.« Ich erinnere mich an einen frühen, kühlen, stillen Morgen … Ich erinnere mich an den großen, ganz goldenen, trockener und lichter gewordenen Garten, an die Ahornallee, das feine Aroma des abgefallenen Laubs – und an den Duft der Äpfel. Die Luft ist so klar, als sei sie überhaupt nicht da, durch den ganzen Garten hallen Stimmen und das Knarren von Leiterwagen. Kleinbürger und kleine Grundbesitzer haben Bauern angeheuert und lassen Äpfel aufschütten, um sie in der Nacht in die Stadt zu schicken – unbedingt in der Nacht, wenn man so prächtig auf dem Fuhrwerk liegen, in den Sternenhimmel blikken, den Geruch von Teer in der frischen Luft wahrnehmen und lauschen kann, wie das lange Fuhrwerk in der Dunkelheit gemächlich über die Landstraße knarrt. Ein Bauer, der Äpfel aufschüttet, ißt mit einem saftigen Knacken einen nach dem anderen, aber so ist es nun einmal üblich – niemals wird der Kleinbürger ihn davon abhalten, vielmehr wird er sagen:

»Nur zu, iß dich satt, da kann man nichts machen! Wenn Met durchgeseiht wird, trinken auch alle davon!«

Die kühle Stille des Morgens wird nur vom satten Glucksen der Drosseln auf den korallenroten Vogelkirschen im Dickicht des Gartens unterbrochen, von den Stimmen der Bauern und dem dumpfen Gepolter der Äpfel, wenn sie in die Maßgefäße und Kübel geschüttet werden. In dem gelichteten Garten ist der mit Stroh ausgestreute Weg, der zu einer großen Hütte führt, weithin sichtbar, ebenso wie die Hütte selbst, bei der die Kleinbürger sich den Sommer über eine ganze Wirtschaft hergerichtet haben. Überall duftet es stark nach Äpfeln, und hier ganz besonders. In der Hütte sind Betten aufgebaut, eine Flinte steht da, ein grün angelaufener Samowar und in der Ecke Geschirr. Um die Hütte herum liegen Bastmatten, Kisten und allerlei abgenützte Habseligkeiten, ein Erdofen ist ausgehoben. Am Mittag wird darauf köstlicher dünner Grützbrei mit Speck gekocht, am Abend wird der Samowar geheizt, und durch den Garten, zwischen den Bäumen, zieht in langen Schwaden bläulicher Rauch. An den Feiertagen aber wird bei der Hütte ein richtiger Jahrmarkt veranstaltet, und durch die Bäume blitzen schöne Gewänder, wo man nur hinsieht. Flinke Mädchen drängen sich dort, Einhöferinnen in Sarafanen, die stark nach Farbe riechen, die »herrschaftlichen« in ihren schönen und groben, wilden Kostümen, und die junge Frau des Starosta, schwanger, mit ihrem breiten, verschlafenen Gesicht und stattlich wie eine Kuh aus Cholmogory; auf dem Kopf hat sie »Hörner« – Zöpfe, die zu beiden Seiten des Scheitels hochgesteckt und mit mehreren Tüchern bedeckt sind, so daß ihr Kopf riesig aussieht; die Füße in den beschlagenen Halbstiefelchen stehen stur und fest; die ärmellose Weste ist aus Samt, die Schürze ist lang, der Rock schwarz-violett mit ziegelroten Streifen und am Saum mit einem breiten goldenen »Prosument« besetzt …

»Ein haushälterisches Weib!« sagt ein Kleinbürger über sie und wiegt den Kopf. »Heutzutage gibt es nicht mehr viele von denen …«

Ständig kommen kleine Jungen in weißen Hanfhemden und kurzen Hosen gelaufen, mit blonden, bloßen Köpfen. Sie kommen zu zweit oder zu dritt, barfuß, mit kleinen Trippelschritten und schielen auf den zottigen Schäferhund, der an einem Apfelbaum festgebunden ist. Es kauft natürlich nur einer, und auch der nur für eine Kopeke oder ein Ei, aber es sind viele Käufer, der Handel läuft schwunghaft, und der magere, schwindsüchtige Kleinbürger in seinem langen Gehrock und den braunroten Stiefeln ist frohen Mutes. Gemeinsam mit seinem Bruder, einem flinken Halbidioten mit schnarrender Aussprache, den er »aus Barmherzigkeit« bei sich wohnen läßt, betreibt er seinen Handel unter allerlei Scherzen und Späßen und »schnappt sich« gelegentlich sogar seine Tulaer Harmonika. Bis zum Abend drängt sich das Volk im Garten, vernimmt man bei der Hütte Gelächter und Stimmengewirr und bisweilen auch stampfende Tanzschritte …

Zur Nacht wird es bei klarer Witterung sehr kalt und taufeucht. Wenn man sich auf der Tenne satt geatmet hat am Duft von Roggen, von neuem Stroh und Spreu, geht man am Gartenzaun entlang beschwingt nach Hause zum Abendessen. Die Stimmen im Dorf oder das Quietschen des Tors erklingen im kalten Abendrot ungewöhnlich klar. Es dunkelt. Und da ist noch ein anderer Geruch: Im Garten brennt ein Feuer, und der kräftige, würzige Rauch von Kirschbaumzweigen zieht vorbei. In der Dunkelheit, in der Tiefe des Gartens bietet sich ein märchenhaftes Bild: Wie in einem

Winkel der Hölle lodert in der Nähe der Hütte eine glutrote, von Finsternis umgebene Flamme, und schwarze, wie aus Ebenholz geschnitzte Silhouetten bewegen sich um das Feuer, während ihre gigantischen Schatten über die Apfelbäume wandern. Bald legt sich eine schwarze, mehrere Arschin große Hand über einen Baum, bald zeichnen sich deutlich zwei Beine ab – wie zwei schwarze Säulen. Plötzlich gleitet das alles herunter vom Apfelbaum – und der Schatten fällt über die ganze Allee, von der Hütte bis zum Gartentor …

Spät in der Nacht, als im Dorf die Lichter erlöschen, als hoch am Himmel schon das brillantene Siebengestirn der Plejaden funkelt, laufe ich noch einmal in den Garten. Im trockenen Laub raschelnd, tappe ich wie ein Blinder zur Hütte. Dort auf der Lichtung ist es ein wenig heller, und über dem Kopf schimmert bleich die Milchstraße.

»Sind Sie das, junger Herr?« ruft jemand leise aus der Finsternis.

»Ja. Schlafen Sie denn noch nicht, Nikolai?«

»Wir dürfen nicht schlafen. Es ist wohl schon spät? Da kommt anscheinend der Personenzug …«

Lange horchen wir darauf und spüren ein Zittern in der Erde. Das Zittern wird zu einem Brausen, es schwillt an, und dann, als sei es direkt hinter dem Garten, schlagen die Räder schneller und schneller ihren lärmenden Takt: Ratternd und dröhnend kommt der Zug angerast … näher, näher, immer lauter und wütender … Und plötzlich läßt das Geräusch nach, verhallt, als verschwinde es in die Erde …

»Wo ist denn Ihr Gewehr, Nikolai?«

»Hier neben der Kiste.«

Ich bringe die Flinte in Anschlag, die schwer ist wie ein Brecheisen, und feuere sie schnell ab. Die glutrote Flamme zuckt mit einem ohrenbetäubenden Krachen in den Himmel, blendet für einen Moment und bringt die Sterne zum Erlöschen, und das kräftige Echo schallt ringsum im Kreis und rollt über den Horizont, um dann weit, weit weg in der klaren, feinhörigen Luft zu verhallen.

»Großartig!« sagt der Kleinbürger. »Zeigen Sie es denen, junger Herr, es ist nämlich ein Kreuz mit denen! Die haben schon wieder alle Birnen runtergeschüttelt …«

Sternschnuppen stricheln den schwarzen Himmel mit feurigen Streifen. Lange blickt man in seine dunkelblaue, mit Sternbildern übersäte Tiefe, bis der Boden unter den Füßen davonzuschwimmen scheint. Dann kommt man wieder zu sich, schiebt die Hände in die Ärmel und läuft schnell über die Allee zum Haus … Wie kalt und taufeucht es ist, und wie schön es ist, auf der Welt zu sein!

II

»Saftige Antonäpfel bedeuten ein fröhliches Jahr.« Es steht gut um das Dorf, wenn die Antonäpfel gut gedeihen: Dann gedeiht auch das Getreide … Ich erinnere mich, wie es in einem guten Erntejahr war.

Bei Tagesanbruch, wenn die Hähne krähen und schwarzer Rauch aus den Katen steigt, schlägt man das Fenster zum kühlen, von violettem Dunst erfüllten Garten weit auf, durch den Dunst strahlt hier und da die Morgensonne, und man hält es nicht aus – rasch läßt man ein Pferd satteln und läuft zum Teich, um sich zu waschen. Das feine Laub der Weiden am Ufer ist schon fast ganz abgefallen, und durch die Zweige sieht man den türkisblauen Himmel. Das Wasser unter den Weiden ist durchsichtig, eisig und gleichsam schwer. Es vertreibt auf der Stelle die Trägheit der Nacht, und nachdem man sich gewaschen und in der Gesindestube mit den Knechten zum Frühstück heiße Kartoffeln und Schwarzbrot mit grobkörnigem, feuchtem Salz gegessen hat, spürt man vergnügt das glatte Leder des Sattels unter sich, wenn man durch Wysselki zur Jagd reitet. Der Herbst ist die Zeit der Kirchenfeste, und die Menschen sind um diese Zeit aufgeräumt und zufrieden, das Dorf bietet einen ganz anderen Anblick als sonst. Wenn das Erntejahr gut war, wenn sich auf den Tennen eine ganze goldene Stadt erhob und am Fluß des Morgens laut und schrill die Gänse schnatterten, lebte es sich im Dorf ganz und gar nicht schlecht. Zudem war unser Wysselki seit Menschengedenken, schon zu Großvaters Zeiten berühmt für seinen »Reichtum«. Die alten Männer und Frauen in Wysselki lebten sehr lange – das erste Anzeichen eines reichen Dorfes – und waren hochgewachsen und schlohweiß. Da hörte man nur Dinge wie: »Ja, Agafja ist nun auch schon dreiundachtzig!« oder Gespräche wie das folgende:

»Wann stirbst du eigentlich, Pankrat? Du wirst doch wohl nicht hundert werden?«

»Wie belieben, Väterchen?«

»Wie alt du bist, will ich wissen!«

»Ach, das weiß ich nicht, Väterchen.«

»Aber an Platon Apollonytsch erinnerst du dich?«

»Aber sicher, Väterchen, sehr gut sogar.«

»Na siehst du. Dann bist du mindestens hundert.«

Der Alte, der hochaufgerichtet vor dem Gutsherrn steht, lächelt milde und schuldbewußt. »Was soll man machen, ich gebe es zu, ich lebe schon viel zu lange.« Und vermutlich hätte er noch länger gelebt, wenn er sich zu den Petrifasten nicht an Zwiebeln überessen hätte.

Ich erinnere mich auch an seine Alte. Sie saß immer auf einer kleinen Bank auf der Vortreppe, ganz gebückt, schüttelte in einem fort den Kopf, atmete schwer und hielt sich mit beiden Händen an der Bank fest – immerzu sinnierte sie über etwas. »Sicher über ihre Habseligkeiten«, sagten die Weiber, denn in ihren Truhen hatte sie allerlei »Habseligkeiten«, das ist wahr. Aber sie schien das gar nicht zu hören; schwachsichtig blickte sie unter ihren bekümmert hochgezogenen Augenbrauen hervor in die Ferne, schüttelte den Kopf und versuchte angestrengt, sich auf etwas zu besinnen. Groß war die Alte und irgendwie düster. Ein Rock wie aus dem letzten Jahrhundert, hanfene Fußlappen wie Leichenschuhe, der Hals gelb und vertrocknet, das Hemd mit den Zwickeln aus Leinzeug immer blütenweiß – wie hergerichtet für den Sarg. Neben der Vortreppe lag ein großer Stein: Den hatte sie selbst im Ort für ihr Grab gekauft, ebenso wie das Leichengewand – ein vortreffliches Leichengewand, mit Engeln und Kreuzen und an den Borten mit einem Gebet bedruckt.

Den alten Leuten glichen auch die Höfe in Wysselki: aus Ziegelstein gebaut, noch von den Großvätern errichtet. Und bei den reichen Bauern – bei Saweli, bei Ignat und bei Dron – hatten die Katen sogar zwei oder drei Stuben, denn in Wysselki war das Teilen noch nicht in Mode. In diesen Familien wurden Bienen gezüchtet, man war stolz auf ein grauschwarzes Lastpferd und hielt das Anwesen in Ordnung. Auf den Tennen dunkelte Hanf in großen Haufen, dort standen Korndarren und Riegen, schopfförmig abgedeckt; Spreukammern und Speicher hatten eiserne Türen, hinter denen Leinwand, Spinnrocken, neue Halbpelze, verziertes Sattelzeug und mit Kupferreifen beschlagene Maßgefäße aufbewahrt wurden. Tore und Schlitten waren mit eingebrannten Kreuzen gekennzeichnet. Ich weiß noch, daß es mir gelegentlich überaus verlockend erschien, ein Bauer zu sein. Wenn man an einem sonnigen Morgen durchs Dorf ritt, stellte man es sich immer sehr schön vor, zu mähen, zu dreschen, auf der Tenne im Schober zu schlafen und an den Feiertagen zum klangvollen, harmonischen festlichen Glockengeläut aus dem Ort mit der Sonne aufzustehen, sich an der Tonne zu waschen und ein sauberes Hanfhemd und ebensolche Hosen und unverwüstliche, beschlagene Stiefel anzuziehen. Dachte man sich dazu eine kräftige, schöne Ehefrau in festlichem Putz, eine

Fahrt zum Gottesdienst und anschließend ein Mittagessen beim bärtigen Schwiegervater – ein Mittagessen mit heißem Hammelfleisch, auf hölzernen Tellern und mit Brot von gebeuteltem Mehl, mit Wabenhonig und selbstgebrautem Bauernbier –, dann konnte man sich gar nicht mehr wünschen!

Die Lebensweise des kleinen Gutsbesitzeradels, die sich heutzutage schon derjenigen der Kleinbürger annähert, hatte in früheren Jahren, ja auch in meiner Erinnerung – also vor noch nicht langer Zeit – vieles gemein mit derjenigen der reichen Bauern, was Tüchtigkeit und ländlichen, altväterlichen Wohlstand angeht. Das galt auch etwa für das Landgut meiner Tante Anna Gerassimowna Kologriwowa, die ungefähr zwölf Werst entfernt von Wysselki lebte. Bis man auf dem Landgut eintraf, war es immer schon heller Tag. Mit den Hunden an der Koppel mußte man im Schritt reiten, zudem hatte man keine Lust, sich zu beeilen – so schön war es unter freiem Himmel an einem sonnigen, kühlen Tag! Die Gegend ist flach, man hat einen weiten Blick. Der Himmel ist leicht und so weit und tief. Von der Seite her funkelt die Sonne, und der Weg, der nach dem Regen von den Leiterwagen ausgefahren ist, ist schmierig und glänzt wie Eisenbahnschienen. Ringsum erstreckt sich in breiten, schrägen Abschnitten die frische, sattgrüne Wintersaat. Ein junger Habicht schwingt sich in die durchsichtige Luft und verharrt, mit den spitzen Flügeln zitternd, reglos auf der Stelle. In die helle Weite laufen deutlich sichtbare Telegraphenmasten, und ihre Drähte gleiten über die Neigung des klaren Himmels wie silberne Saiten. Darauf sitzen Vogelschwänze wie tiefschwarze Zeichen auf Notenpapier.

Die Leibeigenschaft habe ich nicht mehr gekannt und nicht mehr erlebt, doch ich erinnere mich, daß man sie bei Tante Anna Gerassimowna noch fühlte. Kam man auf den Hof geritten, empfand man sogleich, daß sie hier noch vollkommen lebendig war. Das Gut war nicht groß, aber alt und solide, von hundertjährigen Birken und Weiden umstanden. Es gab eine Vielzahl von Hofgebäuden, niedrig, aber stabil, sämtlich aus dunklen Eichenbalken zusammengefügt und mit Strohdächern gedeckt. Durch seine Größe, oder besser gesagt seine Länge, hebt sich einzig das rauchgeschwärzte Gesindehaus ab, aus dem die letzten Mohikaner des Hofleute-Standes herausschauen – gebrechliche alte Männer und Frauen, dabei ein altersschwacher Koch im Ruhestand, der aussieht wie Don Quijote. Sie alle nehmen Haltung an, wenn man auf den Hof geritten kommt, und verneigen sich tief. Der grauhaarige Kutscher, der einem aus der Remise entgegenkommt, um das Pferd zu übernehmen, zieht schon beim Schuppen die Mütze ab und kommt mit entblößtem Kopf quer über den ganzen Hof. Er war Vorreiter bei der Tante und fährt sie jetzt immer zum Gottesdienst – im Winter mit einer Schlittenkutsche, im Sommer mit einem festen, mit Eisen beschlagenen Wägelchen, ähnlich denen, mit denen die Popen umherfahren. Der Garten der Tante war berühmt für seine Wildheit, für die Nachtigallen, die Turteltauben und die Äpfel, und das

Haus war berühmt für sein Dach. Das Haus stand an der Kopfseite des Hofes, direkt am Garten, von Lindenzweigen umfaßt, es war nicht groß, niedrig, schien für die Ewigkeit gebaut, so solide sah es unter seinem ungewöhnlich hohen, dicken Strohdach aus, das mit der Zeit schwarz und hart geworden war. Seine Fassade kam mir immer lebendig vor: Als blicke unter einer riesigen Mütze hervor ein altes Gesicht mit tief eingefallenen Augen – den Fenstern mit ihren von Regen und Sonne irisierenden Scheiben. Zu beiden Seiten dieser Augen befanden sich die Außentreppen – zwei alte, große, säulengeschmückte Außentreppen. Auf deren Giebeln hockten immer wohlgenährte Tauben, während Tausende von Spatzen wie ein Regenschauer von einem Dach zum anderen rauschten … Behaglich fühlte sich der Gast in diesem Nest, unter dem türkisblauen Herbsthimmel!

Wenn man das Haus betritt, nimmt man vor allem den Geruch der Äpfel wahr, und erst dann die anderen Gerüche: von den alten Mahagonimöbeln und den trokkenen Lindenblüten, die seit Juni in den Fenstern liegen … In allen Räumen – in der Gesindestube, im Saal, im Salon – ist es kühl und dämmrig: Das kommt daher, weil das Haus vom Garten umgeben ist und die Oberlichter aus Buntglas sind: dunkelblau und violett. Überall herrschen Stille und Sauberkeit, obwohl es scheint, als seien die Sessel, die Tische mit den Einlegearbeiten und die Spiegel in den schmalen, gedrehten Goldrahmen noch nie von der Stelle gerückt worden. Da vernimmt man ein Räuspern: Die Tante kommt. Sie ist nicht groß, aber, wie alles ringsum, solide. Um die Schultern trägt sie ein großes persisches Tuch. Sie kommt stolz, aber freundlich auf einen zu, und unter endlosem Geplauder über die alten Zeiten und Erbschaften wird man sofort bewirtet: zuerst gibt es Birnen und Äpfel – Antonäpfel, Belle-Barynja, Borowinka, Plodowitka – und dann ein wunderbares Mittagsmahl: einen durch und durch rosigen, gekochten Schinken mit Erbsen, Kohlsuppe, ein gefülltes Huhn, Pute, Marinaden und roten Kwaß, der stark ist und zuckersüß … Die Fenster zum Garten stehen offen, und frische herbstliche Kühle weht von dort herein …

III

In den letzten Jahren hat eines den erlöschenden Geist der Gutsbesitzer hochgehalten – die Jagd.

Vor etwa zwanzig Jahren waren Landgüter wie das von Anna Gerassimowna keine Seltenheit. Es gab auch solche, die vernachlässigt waren, aber dennoch waren es Güter, wo man auf großem Fuße lebte, mit einem gewaltigen Landbesitz und einem Garten von zwanzig Desjatinen. Wohl haben sich einige dieser Landgüter bis in die heutige Zeit erhalten, doch es ist kein Leben mehr darin … Es gibt keine Trojkas, keine Kirgisenpferde zum Reiten, keine Jagdhunde und Windhunde, keine Dienerschaft und auch keinen Gutsbesitzer und Jäger mehr, dem das alles gehören würde, so wie es mein verstorbener Schwager Arseni Semjonytsch Klimentjew war.

Zur Tante pflegte ich bis in den späten Herbst hinein zu fahren, bis zu der Zeit, wenn die Jagd mit den Windhunden zu Ende ging. Doch das wichtigste Ziel meiner Besuche war immer das Landgut von Arseni Semjonytsch. Das alte Nest von Anna Gerassimowna lag einfach am Weg.

Von Ende September an leerten sich Gärten und Tennen allmählich. Das Wetter schlug gewöhnlich jäh um und machte mich für eine Zeitlang zum Einsiedler. Tagelang riß und zerrte der Wind an den Bäumen, Regengüsse strömten von morgens bis abends auf sie hinunter. Manchmal kam gegen Abend zwischen den düsteren, tiefhängenden Wolken im Westen das zittrige goldene Licht der Sonne zum Vorschein; die Luft wurde rein und klar, und das Sonnenlicht funkelte blendend durch das Laub und die Zweige, die im Wind wie ein lebendiges Netz wogten und schwankten. Doch dadurch wurde es noch kälter, nicht nur draußen, sondern, so schien es, auch im Haus mit den Sommerrahmen an den Fenstern und dem offenen Balkon. Kühl und hell leuchtete im Norden über schweren, bleigrauen Regenwolken der wäßrige, hellblaue Himmel, und hinter den Regenwolken hervor schwebten langsam die Kämme schneeiger Wolkenberge. Dann stand man am Fenster und überlegte: »Vielleicht, so Gott will, klart es noch auf!« Doch der Wind ließ nicht nach. Er brauste durch den Garten, zerrte in einem fort an der Rauchfahne, die aus dem

Schornstein des Gesindehauses aufstieg, und trieb von neuem unheilverkündende, aschgraue Wolkenstränge herbei. Niedrig und rasch trieben sie dahin, und wie Rauch verdunkelten sie bald die Sonne. Deren Glanz verlosch, das Fensterchen zum hellblauen Himmel schloß sich, im Garten wurde es öde und trist, und wieder nieselte ein feiner Regen herab … zuerst leise und sachte, dann immer dichter, bis er sich schließlich in einen Platzregen mit Sturm und Dunkelheit verwandelte. Eine lange, unruhige Nacht brach an …

Nach diesem Gezause blieb der Garten nahezu völlig kahl zurück, zerrupft, mit nassem Laub übersät und irgendwie resigniert, bezwungen. Aber wie schön war er dafür, wenn das Wetter wieder aufklarte, wenn Anfang Oktober die durchsichtigen, kalten Tage kamen, das Abschiedsfest des Herbstes! Das restliche Laub an den Bäumen wird nun bleiben, bis die ersten Fröste kommen. Der schwarze Garten hebt sich vor dem kalten, türkisblauen Himmel ab, er wartet ergeben auf den Winter und wärmt sich am Nachmittag im Sonnenglanz. Die gepflügten Felder schimmern schwarz, diejenigen mit Wintersaat leuchten sattgrün … es ist Zeit für die Jagd!

Ich sehe mich auf dem Landgut von Arseni Semjonytsch, in dem großen Haus, in dem Saal, der sonnendurchflutet und von Pfeifen und Papirossy verqualmt ist. Es sind viele Menschen da – alle braungebrannt, mit windgegerbten Gesichtern, in ärmellosen Westen und hohen Stiefeln. Sie haben soeben üppig zu Mittag gegessen, sind hochrot im Gesicht, angeregt durch die lauten

Gespräche über die bevorstehende Jagd, vergessen aber nicht, auch nach dem Essen ihren Wodka zu trinken. Auf dem Hof bläst das Horn, und die Hunde heulen in verschiedenen Stimmen. Ein schwarzer Windhund, Arseni Semjonytschs Liebling, nutzt das Durcheinander, um zwischen den Gästen hindurch auf den Tisch zu klettern und die Reste vom Hasenbraten mit Sauce aufzufressen. Plötzlich aber stößt er ein schreckliches Gewinsel aus und stürmt, Teller und Gläser umkippend, vom Tisch hinunter: Arseni Semjonytsch kommt mit Hetzpeitsche und Revolver aus seinem Kabinett und betäubt den Saal unversehens mit einem Schuß. Im Saal ist jetzt noch mehr Rauch, aber Arseni Semjonytsch steht da und lacht.

»Wie schade, daß ich danebengeschossen habe!« sagt er augenzwinkernd.

Er ist hochgewachsen, hager, aber mit breiten Schultern und gut gebaut, vom Gesicht her ein schöner Mann, wie ein Zigeuner. Seine Augen blitzen wild, er ist sehr gewandt, trägt ein himbeerrotes Seidenhemd, eine samtene Pumphose und hohe Stiefel. Nachdem er den Hund und die Gäste mit seinem Schuß erschreckt hat, deklamiert er im Bariton

> Zeit ist's, das flinke Donpferd nun zu satteln,
> Und sich das helle Jagdhorn umzuhängen …

und sagt dann laut:

»Jedenfalls sollten wir keine kostbare Zeit verlieren!«

Ich spüre noch jetzt, wie begierig und tief die junge Brust die Kälte des klaren, feuchten Tages einsog, wenn ich gegen Abend bisweilen mit Arseni Semjonytschs lärmender Horde unterwegs war, rastlos durch den melodischen Krach der Hunde in einem Laubwald, der allein durch seinen Namen – Krasny Bugor etwa oder Gremjatschi Ostrow – den Jäger in Aufregung versetzen kann. Man reitet auf einem aggressiven, kräftigen, untersetzten Kirgisenpferd, hält die Zügel fest angezogen und fühlt sich mit ihm fast verwachsen. Der Kirgise schnaubt, will zum Trab übergehen, raschelt mit den Hufen laut in dem tiefen, lockeren Teppich mit dunklem, abgefallenem Laub, und jeder Laut hallt im leeren, feuchten, kühlen Wald wider. Irgendwo weit weg kläfft ein Hund, ein zweiter antwortet mit ungestümem Winseln, dann ein dritter – und mit einem Mal klirrt der ganze Wald, als sei er aus Glas, von stürmischem Gebell und Geschrei. Laut donnert in diesen ganzen Tumult ein Schuß – und alles ist »losgelassen« und stürmt davon in die Ferne.

»A-a-achtung!« brüllt jemand mit sich überschlagender Stimme durch den ganzen Wald.

»Achtung!« schießt einem der berauschende Gedanke durch den Kopf. Du feuerst das Pferd an, und wie von der Kette gelassen stürmst du durch den Wald, ohne unterwegs noch irgend etwas zu erkennen. Du siehst nur noch Bäume vorbeihuschen, und Dreck von den Hufen des Pferdes fliegt dir ins Gesicht. Du sprengst aus dem Wald hervor, siehst auf dem Grün die bunte, wimmelnde Hundemeute am Boden und treibst den Kirgisen noch stärker an, dem Wild den Weg abzuschneiden – über das Grün, das Rodeland und die Stoppelfelder, bis du in ein anderes Waldstück kommst und die Meute mit ihrem rasenden Gebell und Gestöhn aus den Augen verloren hast. Am ganzen Körper feucht und zitternd vor Anspannung zügelst du das schäumende, hechelnde Pferd und saugst gierig die eisige Feuchte des waldigen Tals ein. In der Ferne verhallt das Geschrei der Jäger und das Gebell der Hunde, aber um dich herum herrscht Totenstille. Der lichte Wald steht reglos, und es scheint, als seist du in einen verwunschenen Palast geraten, in endlose Fluchten märchenhafter Gemächer und Säulen. Aus den Schluchten riecht es aromatisch nach feuchten Pilzen, modrigem Laub und nasser Baumrinde. Die Feuchtigkeit steigt immer spürbarer aus den Schluchten, im Wald wird es kalt und dunkel, es wird unheimlich … Zeit für ein Nachtlager. Doch die Hunde nach der Jagd zu sammeln ist schwierig. Noch lange und hoffnungslos wehmütig klingen die Hörner durch den Wald, lange hört man Schreien und Schimpfen und das Gewinsel der Hunde … Schließlich, wenn es bereits ganz dunkel ist, fällt die Horde Jäger in das Landgut eines nahezu unbekannten Junggesellen ein und erfüllt mit ihrem Krach den ganzen Hof des Gutshauses, das von Laternen, Kerzen und Lampen erhellt wird, die man den Gästen aus dem Haus entgegenträgt …

Es kam vor, daß die Jagdgesellschaft sich mehrere Tage bei so einem gastfreundlichen Nachbarn einquartierte. Im frühen Morgengrauen ging es durch den eisigen Wind und den ersten feuchten Frost in die Wälder und aufs Feld, und zur Dämmerung kehrte man zurück, über und über verschmutzt, mit geröteten Gesichtern, nach Pferdeschweiß und dem Fell der erlegten Tiere riechend, und das Trinkgelage begann. In dem hell erleuchteten Haus mit den vielen Menschen ist es nach einem ganzen Tag in der Kälte auf dem Feld sehr warm. Alle gehen in aufgeknöpften Westen vom einen Zimmer ins andere, trinken und essen durcheinander, teilen einander ihre Eindrücke über den ausgewachsenen Wolf mit, den sie erlegt haben und der mit gefletschten Zähnen und gebrochenen Augen mitten im Saal liegt, den buschigen Schwanz zur Seite geworfen, und mit seinem blassen, schon erkalteten Blut den Boden färbt. Nach dem Wodka und dem Essen verspürt man eine so süße Müdigkeit, eine solche Wonne jugendlichen Schlafs, daß man das Gespräch wie unter Wasser hört. Das vom Wind gerötete Gesicht brennt, und wenn man die Augen schließt, beginnt der ganze Boden unter den Füßen zu schwimmen. Und wenn man sich ins Bett legt, in ein weiches Federbett, irgendwo in einem altertümlichen Eckzimmer mit einer kleinen Ikone und einem Lämpchen davor, dann fliegen vor den Augen Spukbilder flammendbunter Hunde vorbei, im ganzen Körper verspürt man noch immer das Auf und Ab der Sprünge, und unmerklich versinkt man mit all diesen Bildern und Empfindungen in einem süßen, erfrischenden Schlaf, bei dem man sogar vergißt, daß dieses Zimmer einst die Betkammer eines alten Mannes war, dessen Namen mit düsteren Legenden aus der Zeit der Leibeigenschaft umrankt ist, und daß er in dieser Betkammer starb, vermutlich in ebendiesem Bett.

Wenn man die Jagd verschlief, war die Ruhe besonders wohltuend. Man wacht auf und liegt lange im Bett. Im ganzen Haus herrscht Stille. Man hört, wie der Gärtner bedächtig durch die Räume geht und die Öfen anheizt und wie das Holz knistert und knackt. Vor einem liegt ein ganzer Tag Ruhe auf dem schon winterlich stillen Gehöft. Ohne Eile kleidet man sich an, man streift durch den Garten, findet im feuchten Laub einen zufällig vergessenen kühlen und feuchten Apfel, und er scheint, warum auch immer, ungewöhnlich schmackhaft, anders als andere. Anschließend nimmt man sich die Bücher vor – altväterliche Bücher mit dicken Ledereinbänden, mit Saffian und goldenen Sternchen auf dem Buchrükken. Herrlich riechen diese Bände, die mit ihrem vergilbten, dicken rauhen Papier aussehen wie liturgische Bücher! Ein angenehmer Geruch nach säuerlichem Schimmel, nach altertümlichem Parfüm ... Schön sind auch die Randbemerkungen darin, große und weiche, runde Schnörkel, mit einem Gänsekiel geschrieben. Man öffnet ein Buch und liest: »Ein Gedanke, würdig der alten und neuen Philosophen, eine Blüte der Vernunft und des innigen Gefühls.« Unwillkürlich ist man fasziniert von dem Buch. Es ist »Edelmann und Philosoph«, eine Allegorie, die vor etwa hundert Jahren auf Kosten eines »Trägers vieler Orden« herausgegeben und in der Druckerei der Wohlfahrtspflege gedruckt wurde, eine Erzählung davon, wie »ein Edelmann und Philosoph, der über die Zeit und die Fähigkeit verfügt, Überlegungen anzustellen, zu denen der menschliche Verstand sich aufschwingen kann, einstmals den Wunsch verspürte, auf seinem ausgedehnten Landgut einen Plan der Welt zu ersinnen«. Dann stößt man auf die »Satirischen und philosophischen Werke des Herrn Voltaire« und ergötzt sich ausgiebig an dem lieblichen, manierierten Stil der Übersetzung: »Meine Herrschaften! Erasmus hat im sechsundzehnten Jahrhundert ein Lob der Narrheit verfaßt« (manierierte Pause, Strichpunkt); »Sie hingegen befehlen mir die Vernunft zu preisen ...«. Dann geht man von den Zeiten Katharinas zur Romantik über, zu den Almanachen, den sentimental-schwülstigen, langen Romanen ... Über dir springt ein Kuckuck aus einer Uhr hervor und ruft spöttisch und traurig durch das leere Haus. Allmählich schleicht sich eine süße und seltsame Schwermut ins Herz ...

Da sind die »Geheimnisse des Alexis«, »Victor oder das Kind des Waldes«. »Es schlägt Mitternacht!« liest man mit einem Lächeln. »Heilige Stille löst den Lärm des Tages und die fröhlichen Lieder der Dorfbewohner ab. Der Schlaf breitet seine düsteren Flügel über die Fläche unserer Hemisphäre; er schüttelt Finsternis und Träume herunter ... Die Träume! ... Wie oft sind sie nichts als die Fortsetzung der Leiden des Unglückseligen.« Traute, altertümliche Worte blitzen auf: Felsen und Eichenhaine, der bleiche Mond und die Einsamkeit, Erscheinungen und Trugbilder, »Eros«, Rosen und Lilien,

»die Streiche und der Überschwang junger Bengel«, die lilienweiße Hand, Namen wie Ljudmila und Alina … Und die Zeitschriften mit den Namen von Schukowski, Batjuschkow und dem Lyzeumsschüler Puschkin. Voller Wehmut erinnert man sich an die Großmutter, an ihre Polonaisen auf dem Klavichord, daran, wie schwärmerisch sie Verse aus »Jewgeni Onegin« vorlas. Und das alte, verträumte Leben ersteht vor einem … Schöne Mädchen und Frauen lebten einst auf den adligen Landgütern! Ihre Porträts blicken von der Wand auf mich herab, aristokratisch-schöne Köpfchen mit altertümlichen Frisuren senken weiblich-sanft ihre langen Wimpern über traurige, zärtliche Augen …

IV

Der Duft der Antonäpfel verschwindet aus den Gutshäusern. Diese Tage sind noch nicht lange her, aber mir kommt es vor, als sei beinahe ein ganzes Jahrhundert vergangen. Die alten Leute in Wysselki sind gestorben, Anna Gerassimowna ist tot, und Arseni Semjonytsch hat sich erschossen … Und ich schreibe bereits Epitaphe für sie.

Ich habe die heimatliche »Scholle«, wie man bei uns gerne sagt, für lange Zeit verlassen, und als ich vor kurzem wieder einmal da war, empfing sie mich bedrückt. Die alten Bücher, die alten Porträts sind entbehrlich geworden, verschwunden in den Städten, in den Gehöften von Kleinbürgern, in den Habichtnestern der neuen Gutsherren – in den Nestern, zu denen die früheren Landgüter zersplittert sind. In unserem ganzen Landkreis gibt es heute nur noch drei oder vier wohlhabende Adlige, doch selbst sie leben bereits ein neues Leben auf dem Land – zumeist nur im Sommer. Das Reich der kleinen, bis zum Bettelstab verarmten Gutsbesitzer und der dahinsiechenden grauen Dörfchen bricht an. Es ist November, die dumpfe Zeit des Lebens auf dem Land.

Es war ein garstiger Morgen, als ich an unserer Bahnstation, die verloren in den Feldern liegt, aus dem Zug stieg. Nach dem langen Leben in der Stadt kamen mir die Felder schmerzlich armselig und trist vor, als ein Bauer mich mit seinem Fuhrwerk durch den Regen mühsam zu unserem alten Landgut schleppte. Die Dörfchen über den Talsenken sahen aus der Ferne aus wie Dunghaufen. Im Wald – kahl, naß und schwarz – herrschte bläulicher Nebel, ein feuchter Wind rauschte, auf dem Feldweg war es öde wie in der kirgisischen Steppe. Eine Hochzeitsgesellschaft kam uns entgegen – drei Leiterwagen mit Weibern, die sich mit Bauernmänteln und dem Saum der Überröcke vor dem Regen schützten. Die Weiber grölten mit betrunkener Stimme Lieder, um sich Wagemut und Fröhlichkeit anzusingen. Eine stand mitten auf dem Wagen, winkte mit ihrem Tuch und trieb das Pferd kreischend mit einer Strickleine an, die als Zügel diente, doch das Pferd stampfte unbeholfen mit den Füßen, die Glöckchen bimmelten durcheinander, der Wagen rumpelte schwankend über den Weg, das flotte Lied klang falsch … Gott sei Dank zeigten sich noch andere Gestalten, die eher zu diesem grauen Tag paßten. Der Kneipenwirt kam mit Weinkisten, in denen das grüne Naß schwerfällig in den Flaschen gluckerte, aus der Stadt zurückgefahren; in einer Droschke, von den Wagenrädern über und über mit Dreck bespritzt, fuhr der Wachtmeister vorbei und hinter ihm in einem Wagen der Pope, hochgewachsen, rothaarig, mit einem großen Hut und in einem Schafspelz mit hochgestelltem Kragen, der von einem Handtuch zusammengehalten wurde, das zu einem Strick gedreht und auf dem Rücken geknotet war. Da tauchten hinter der Anhöhe, die sich zur Niederung hinabsenkt, schon die Bäume unseres Gartens auf …

Man sollte allerdings dem ersten Eindruck nicht trauen. Zwei, drei Tage vergehen, das Wetter ändert sich, es wird frischer, und der Gutshof und das Dorf wirken ganz anders. Ich beginne, die Verbindung zwischen dem früheren und dem jetzigen Leben zu erfassen, und das, was mir beim Duft der Antonäpfel einfällt – die Gesundheit, die Schlichtheit und die Häuslichkeit des ländlichen Lebens –, tritt auch in den neuen Eindrücken wieder zutage. Es sind beinahe fünfzehn Jahre vergangen, vieles ringsum hat sich verändert, und doch fühle ich mich wieder beinahe so zu Hause wie vor fünfzehn Jahren: jugendlich traurig, jugendlich munter. Ich fühle mich wohl in diesem verwaisten, resignierten ländlichen Leben.

Die Tage sind bläulich und verhangen. Am Morgen steige ich in den Sattel und reite mit nur einem Hund, mit Gewehr und Horn aufs Feld. Der Wind klingt und heult in der Mündung des Gewehrs, er bläst mir kräftig entgegen, manchmal mit trockenem Schnee. Den ganzen Tag streife ich über die leeren Ebenen … Hungrig und durchfroren kehre ich in der Dämmerung zum Gut zurück, und mir wird warm und froh zumute, wenn die Lichter von Wysselki blinken und vom Gehöft her der Geruch nach Rauch, nach Wohnstätte weht. Ich erinnere mich, daß man früher bei uns um diese Zeit gerne eine »Dämmerstunde hielt«, zu der man kein Licht machte und sich im Halbdunkel unterhielt. Als ich ins Haus komme, finde ich die Winterrahmen vor den Fenstern schon eingesetzt, und das versetzt mich noch mehr in friedliche, winterliche Stimmung. In der Lakaienstube heizt ein Knecht den Ofen ein, und wie in der Kindheit hocke ich mich neben einen Haufen mit Stroh, das schon würzig nach Winterkühle riecht, und blicke bald in den glühenden Ofen, bald aus dem Fenster, wo die blauschimmernde Dämmerung traurig erlischt. Dann gehe ich in die Gesindestube. Dort ist es hell und belebt: Die Mägde hacken Kohl, die Wiegemesser blitzen, ich höre ihr flinkes, einträchtiges Klopfen und die einträchtigen, schwermütig-fröhlichen dörflichen Lieder … Manchmal kommt am Abend irgendein kleiner Gutsbesitzer aus der Nachbarschaft vorbei und nimmt mich eine Zeitlang mit zu sich … Auch das Leben eines kleinen Gutsbesitzers ist schön!

Der Gütler liebt den Herbst, er liebt die langen Abende, die lange, dunkle Nacht in seinem warmen, behaglichen Kabinett. Er steht früh auf. Er reckt und streckt sich auf der Ofenbank, wodurch sich aus der Ecke der Bank ein Ziegelstein löst und zu Boden poltert (»Man hätte diesen Ziegelstein längst wieder befestigen müssen – aber immer läßt man es dabei bewenden!«), geht zum Tisch und dreht sich mit hochgezogenen Augenbrauen und finsterer Miene eine dicke Papirossa aus billigem, schwarzem Tabak oder einfach aus Machorka. Das blasse Licht des frühen Novembermorgens erhellt das einfache Kabinett mit den bloßen Wänden, die gelben, vertrockneten Fuchsfelle über dem Bett, die untersetzte Gestalt in Pumphosen und ungegürtetem Russenhemd, und im Spiegel zeigt sich ein verschlafenes Gesicht mit tatarischem Einschlag. In dem halbdunklen, warmen Häuschen herrscht Totenstille. Hinter der Tür, im Flur, schnarcht die alte Köchin, die schon als kleines Mädchen im Gutshaus gelebt hat. Das hält den Herrn allerdings nicht davon ab, laut durch das ganze Haus zu rufen:

»Lukerja! Den Samowar!«

Dann zieht der Herr die Stiefel an, hängt die ärmellose Weste über die Schultern, und ohne den Hemdkragen zuzuknöpfen, tritt er hinaus in den Vorbau. In der geschlossenen Diele riecht es nach Hund; die Jagdhunde strecken sich träge, gähnend winselnd und umringen ihn zutraulich.

»Aus!« sagt der Herr mit nachsichtiger Baßstimme und geht durch den Garten zur Tenne. Seine Brust atmet tief die schneidende Luft des frühen Morgens und den Geruch des über Nacht durchkühlten, kahlen Gartens ein. Die zusammengerollten und vom Frost schwarz gefärbten Blätter rascheln unter den Stiefeln in der Birkenallee, die schon zur Hälfte gefällt ist. Vor dem niedrigen, düsteren Himmel zeichnen sich die aufgeplusterten Dohlen ab, die auf dem Dachfirst der Korndarre schlafen … Das wird ein prächtiger Tag für die Jagd! Der Herr bleibt auf der Allee stehen, blickt lange hinaus auf das herbstliche Feld, auf die einsame, grüne Wintersaat, über die in der Ferne die Kälber streifen. Zwei Jagdhunde streichen winselnd um seine Beine, und Saliwaj ist schon hinter dem Garten: Er springt über die stachligen Stoppeln, ruft gleichsam und will hinaus aufs Feld. Aber was soll man jetzt mit Jagdhunden anfangen? Das Wild ist jetzt, zur Zeit der Herbstfröste, auf dem Feld, auf dem Rodeland, im Wald fürchtet es sich, weil dort der Wind im Laub raschelt … Ach, wenn man Windhunde hätte!

In der Korndarre beginnt man zu dreschen. Die Trommel der Dreschmaschine kommt surrend langsam in Gang. Träge die Ziehseile anspannend, die Beine in die Kreisbahn stemmend, gehen die Pferde schwankend im Rundgang. Inmitten des Rundgangs dreht sich der Treiber auf einem Bänkchen mit und treibt sie monoton an, immer mit der Peitsche nur den braunen Wallach schlagend, der träger ist als alle anderen Pferde und im Gehen schon schläft, weil seine Augen verbunden sind.

»Na los, Mädchen!« ruft der gesetzte Zureicher, während er sich ein weites Leinenhemd anlegt.

Die Mädchen fegen hastig den Dreschboden und laufen mit Tragen und Besen umher.

»Mit Gott!« sagt der Zureicher, und die erste Garbe, die probehalber hineingegeben wird, fliegt schwirrend und jaulend in die Trommel und kommt als zerzauster Fächer wieder daraus hervor. Die Trommel dröhnt immer beharrlicher, die Arbeit geht zügig voran, und bald fließen alle Geräusche zu einem allgemeinen, angenehmen Dreschlärm zusammen. Der Herr steht am Tor der Korndarre und schaut zu, wie in der Dunkelheit drinnen rote und gelbe Tücher, Hände, Harken und Stroh aufblitzen, und all das bewegt sich gleichmäßig und geschäftig zum Dröhnen der Trommel und dem monotonen Rufen und Pfeifen des Treibers. In Wolken fliegt die Spreu zum Tor. Der Herr steht da und wird über und über grau davon. Häufig blickt er hinaus aufs Feld ... Bald schon werden die Felder weiß, bald wird der erste Schnee sie bedecken ...

Winteranfang, der erste Schnee! Windhunde sind keine da, nichts, womit man im November jagen könnte; doch wenn der Winter kommt, beginnt »die Arbeit« mit den Jagdhunden. Und wieder, wie in früheren Zeiten, besuchen die kleinen Gutsbesitzer einander, trinken für ihr letztes Geld, verschwinden tagelang in den verschneiten Feldern. Und abends leuchten auf irgendeinem abgelegenen Gehöft die Fenster eines Nebengebäudes weit in die Dunkelheit der Winternacht hinaus. Dort, in diesem kleinen Nebengebäude, schweben die Rauchwolken, brennen trüb die Talgkerzen, wird die Gitarre gestimmt ...

Zur Dämmerung kam ein wilder Wind
Öffnete weit mein Tor …

beginnt jemand im Tenor mit Bruststimme. Die übrigen fallen unbeholfen und sich den Anschein gebend, als sei es zum Spaß, mit wehmütiger, hoffnungsloser Verwegenheit ein:

Öffnete weit mein Tor,
Verwehte den Weg mit weißem Schnee …

Erz

Ein Epitaph

Hinter der letzten Kate unseres Steppendörfchens verlor sich unser früherer Weg zur Stadt im Roggen. An diesem Weg stand im Getreide, am Rande des sich bis zum Horizont erstreckenden Ährenmeers, eine weißstämmige, breitzweigige Trauerbirke. Die tiefen Fahrrinnen des Weges waren von Gras überwuchert, durchsetzt mit gelben und weißen Blumen, die Birke war gekrümmt vom Steppenwind, und unter ihrem leichten, durchscheinenden Baldachin erhob sich seit langer, langer Zeit ein altersschwaches, graues Kreuz mit einer dreieckigen Holzbedachung, unter der eine Susdaler Ikone der Gottesmutter – der Beschützerin der Felder – vor Unwetter geborgen war.

Ein seidiggrüner, weißstämmiger Baum im goldenen Getreide! Im übrigen kam uns in der Kindheit alles so schön vor. Damals war das Getreide üppiger, der Sommer heißer und der Himmel blauer, die Winter waren frostiger, und das Dorf war heiterer und reicher … Einst hatte derjenige, der als erster an diesen Ort gekommen war, auf seiner Desjatine das überdachte Kreuz errichtet, den Popen gerufen und es zu »Mariä Schutz und Fürbitte« weihen lassen. Seit jener Zeit beschützte diese alte Ikone Tag und Nacht den alten Steppenweg und breitete unsichtbar ihren Segen über das Schicksal der bäuerlichen Arbeit. In der Kindheit ängstigten wir uns vor dem Kreuz, getrauten uns nie, unter die Bedachung zu blicken – einzig die Schwalben wagten, dahin zu fliegen und sogar dort ihre Nester zu bauen. Aber auch Ehrfurcht empfanden wir, denn wir hörten unsere Mütter in dunklen Herbstnächten flüstern:

»Allerheiligste Gottesmutter, steh uns bei mit deiner Fürbitte!«

Der Herbst kam immer hell und still, so friedlich und ruhig, daß die heiteren Tage kein Ende zu nehmen schienen. Er machte die Ferne zartblau und tief, den Himmel klar und mild. Dann konnte man selbst den entferntesten Kurgan in der Steppe, in der offenen, weiten Fläche gelber Stoppelfelder ausmachen. Der Herbst schmückte auch die Birke mit goldenem Putz. Und die Birke freute sich und bemerkte nicht, wie kurzlebig dieser Putz war, wie er Blatt für Blatt abfiel, bis sie schließlich ganz entkleidet auf seinem goldenen Teppich stand. Bezaubert vom Herbst war sie glücklich und ergeben und glänzte über und über, leuchtend im Widerschein des trockenen Laubs am Boden. Schillernde Spinnweben schwebten im Sonnenglanz sachte um sie herum, setzten sich sachte auf das trockene, stachlige Stoppelfeld … Im Volksmund bezeichnete man sie anmutig und liebevoll als »Mariengarn«.

Unheimlich waren hingegen die Tage und Nächte, wenn der Herbst seine sanfte Maske abwarf. Gnadenlos zerrte dann der Wind an den nackten Zweigen der Birke! Die Bauernkaten standen aufgeplustert wie Hühner bei einem Unwetter, Nebel wogte in der Dämmerung tief über den kahlen Ebenen, Wolfsaugen funkelten nachts in den Hinterhöfen. Der Teufel zeigt sich oft in ihrer Gestalt, und entsetzlich wäre es in diesen Nächten gewesen, hätte nicht das alte Kreuz am Dorfrand gestanden. Von Anfang November dann bis in den April hinein wurden die Felder, das Dorf und die Birke bis unter das Kreuz hoch von Schneestürmen verweht. Wenn man bisweilen von der Diele hinaus aufs Feld blickte, pfiff ein wütender Schneesturm unter dem Dach des Kreuzes, fegte rauchend über die spitzen Schneewehen und jagte ächzend über die Ebene, in seinem Lauf die Spuren auf dem holprigen Weg verwischend. Ein Reisender, der vom Weg abgekommen war, bekreuzigte sich zu einer solchen Stunde, wenn er im rauchenden Schneegestöber das aus einer Schneewehe ragende Kreuz entdeckte, im Wissen, daß hier die Himmelskönigin selbst über die wilde Schneewüste wacht, daß sie ihr Dorf beschützt, ihr Feld, das einstweilen tot dalag.

Das Feld lag lange tot, doch die Menschen in der Steppe waren damals zäh. Und dann endlich begann das Kreuz emporzuwachsen aus den einsinkenden, grauen Schneewehen. Auch der holprige, mit Dung bedeckte Weg taute ab, und die warmen, dichten Märznebel zogen auf. Vom Nebel und Regen wurden die Dächer der Bauernkaten an diesen düsteren Tagen dampfig und schwarz, und die Hunde kletterten über die Schneewehen hinauf auf die Dächer, weil die Straße sich in eine große Pfütze verwandelt hatte. Dann wurden die Nebel mit einem Mal abgelöst von sonnigen Tagen. Das ganze verschneite Feld saugte sich voll Wasser, es taute ab, glitzerte grell in der Sonne und flirrte mit unzähligen kleinen Bächen. Innerhalb von ein, zwei Tagen nahm die Steppe ein neues Aussehen an: Frühlingshaft dunkelten die Ebenen, gesäumt von blaßblauer Weite. Das zottige Vieh wurde aus dem Stall gelassen; Kühe und Pferde, den Winter über kraftlos geworden, tappten auf der Weide umher und legten sich hin, und die Dohlen setzten sich auf ihre mageren Rücken und rupften mit dem Schnabel Wolle für ihre Nester. Doch ein freundliches Frühjahr gibt gutes Futter – das Vieh konnte im warmen Tauwetter zu Kräften kommen. Schon sangen die Lerchen am sonnenhellen Mittag, schon wurden die Hirtenjungen braun von Wind und Sonne, die die Erde trockneten. Wenn dann der Frühlingsregen die Erde begoß und der erste Donner sie weckte, segnete der Herr in stillen Sternennächten die Erde, auf daß Getreide und Gras wachsen konnten, und die alte Ikone blickte voller Zuversicht für ihre Felder sanft unter ihrem Dach hervor. Zart duftete es in der klaren Nachtluft nach frischem Laub, friedlich war es in der Steppe, still im dunklen Dorf, wo schon seit Mariä Verkündigung kein Feuer mehr entfacht wurde und in der Abenddämmerung die Lieder der Mädchen verklangen, die sich von ihren verlobten Freundinnen verabschiedeten.

Danach veränderte sich alles nicht in Tagen, sondern in Stunden. Die Viehweide grünte, die Silberweiden vor den Bauernkaten grünten, die Birke grünte … Regenschauer gingen nieder, die heißen Junitage verstrichen, die Blumen erblühten, die fröhliche Heuernte begann …

Was sonst kann man erzählen über einen Weiler in der Steppe? Menschen wurden geboren, wuchsen heran, verheirateten sich, gingen zu den Soldaten, arbeiteten, zechten und feierten … Den wichtigsten Platz in ihrem Leben aber nahm trotzdem die Steppe ein – ihr Tod und ihre Auferstehung. Wenn die Steppe verlassen und zugeschneit lag, fiel auch das Dorf mehr als ein halbes Jahr lang in einen Dämmerzustand; nicht wenige Menschen starben dann an Kälte und Hunger oder wegen der schornsteinlosen Katen, und nicht wenige erfroren im Schneesturm. Wenn der Frühling kam, kam auch die Arbeit, die erträglicher wurde durch die heiteren Tage … Oder schienen sie uns nur in der Kindheit so? Ich erinnere mich, wie sanft und sorglos der Sommerwind im seidigen Laub der Birke raschelte, wie er es zauste und die dünnen, biegsamen Zweige bis zu den Ähren hinab beugte; ich erinnere mich an einen sonnigen Pfingstmorgen, an dem selbst bärtige Männer, als echte Nachfahren der Rus, unter den gewaltigen Birkenkränzen lächelten; ich erinnere mich an die rauhen, aber machtvollen Gesänge am Pfingstmontag, wenn wir bei Sonnenaufgang in das nahe Eichenwäldchen gingen und dort Kascha kochten, sie in Tonscherben auf Erdhaufen verteilten und »den Kuckuck anflehten«, ein gnädiger Wahrsager zu sein; ich erinnere mich an »Sonnenspiele« zu St. Peter und Paul, ich erinnere mich an Lobgesänge in der Messe und lärmende Hochzeiten, ich erinnere mich an ergreifende Andachten vor der sanften Fürsprecherin aller Trauernden – auf dem Feld, unter freiem Himmel …

Das Leben bleibt nicht stehen – das Alte geht fort, und wir geben ihm oft mit großer Trauer das Geleit. Ja, aber ist das Leben nicht gerade deshalb gut, weil es in unaufhörlicher Erneuerung besteht? Die Kindheit war vorbei. Es zog uns, über den Dorfrand hinauszusehen, es zog uns um so stärker, als das Dorf immer trister wurde, die Birke im Frühling nicht mehr so üppig grünte, das Kreuz am Weg verfiel und die Menschen das Feld erschöpften, über das dieses Kreuz wachte. Und da ein Unglück selten allein kommt, zürnte, so schien es, auch der Himmel selbst den Menschen. Glutheiße, trockene Winde vertrieben die Wolken und ließen auf dem Weg Wirbel aufsteigen, die Sonne verbrannte unbarmherzig Getreide und Gras. Das magere Getreide, Roggen und Hafer, trocknete vorzeitig aus. Es war ein schmerzlicher Anblick, denn es gibt nichts Traurigeres, Verzagteres als dürren Roggen. Wie hilflos er, gebeugt vom heißen Wind, seine leichten, leeren Ähren neigt, wie verwaist sein Rascheln klingt! Der trockene Ackerboden schimmert zwischen seinen Halmen hervor, dazwischen trockene Kornblumen … Und silbrige wilde Melde, der Vorbote von Verödung und Hunger, wächst anstelle von saftigem Getreide an dem alten Weg zwischen den Dörfern. Immer häufiger kamen Bettler und Blinde mit klagenden Refrains durch das Dorf. Und das Dorf stand schweigend in der brütenden Hitze – gleichgültig, traurig.

Wie vor Kummer dunkelte damals von den staubigen Winden das sanfte Antlitz der Gottesmutter. Die Jahre vergingen, und sie schien teilnahmslos gegenüber dem Schicksal ihres Feldes. Und die Menschen begannen sie zu vergessen. Ein paar Jahre noch plagten sie sich in der Steppe, dann begannen sie allmählich, das Dorf zu verlassen und machten sich auf den Weg in Richtung Stadt. Bald ging das Gerücht, demnächst würden sie »alle in eine neue Gegend vertrieben«. Die in den Dörfern Verbliebenen klammerten sich mit Freuden an diese Kunde. Sie lebten den Winter über mit großen Erwartungen, packten im Frühling ihren ärmlichen Hausrat, vernagelten die Fenster ihrer Katen mit Brettern, spannten die Pferde an und verließen für immer das Dorf auf der Suche nach einem neuen Glück. Von der »neuen« Gegend wußten sie nur eines – daß es dort Wald und viele Tiere gab; aber auf Hilfe konnten sie von nirgend her zählen – sie mußten gehen. Und das Dorf verödete.

»Keine Menschenseele!« sagte der Wind, nachdem er das ganze Dorf durchbraust und in zielloser Verwegenheit den Staub auf dem Weg aufgewirbelt hatte.

Doch die Birke gab ihm nicht Antwort wie ehemals. Schwach raschelte sie mit ihren Zweigen und döste wieder ein. Sie wußte schon, daß die Viehweide im Dorf von hohem Unkraut überwuchert war, daß sich an den Schwellen Taubnessel erhob und auf den teils abgedeckten Dächern silbern der Wermut schimmerte. Die Steppe ringsum war tot, und das Dutzend erhalten gebliebener Bauernkaten mochte man aus der Ferne für Nomadenzelte halten, die nach einer Schlacht oder nach der Pest in der Steppe verlassen worden waren. Und das überdachte Kreuz stand nun schief unter der Birke, an deren

Wipfel trockenes, weißes Geäst abstand. Jetzt in der Dämmerung, wenn hinter den dunklen Feldern der Sonnenuntergang schwachrot schimmerte, nächtigten nur Raben und Krähen darauf, die schon manche Veränderungen auf dieser Welt gesehen hatten …

Nun sind neue Menschen in der Steppe aufgetaucht. Immer häufiger kommen sie über den Weg aus der Stadt und schlagen ihr Lager beim Dorf auf. Des Nachts zünden sie Feuer an und verscheuchen damit die Dunkelheit, und sie werfen lange Schatten auf den Wegen. Bei Tagesanbruch gehen sie hinaus aufs Feld und treiben lange Bohrer in die Erde. In der ganzen Gegend heben sich schwarze Erdhaufen ab, wie Grabhügel. Mitleidlos zertreten die Leute den schütteren Roggen, der hier und da auch ohne Aussaat noch sprießt, mitleidlos werfen sie ihn mit Erde zu, weil sie die Quellen eines neuen Glücks suchen – sie suchen sie im Schoß der Erde, wo sich die Talismane der Zukunft verbergen.

»Erz!« Bald schon wird diese Gegend von Menschen wimmeln, werden Fabrikschlote qualmen und anstelle des alten Wegs robuste Eisenbahnschienen verlegt sein, wird anstelle des abgelegenen Dorfes eine Stadt errichtet. Und das, was das alte Leben hier heiligte, das graue, in die Erde gesunkene Kreuz, wird von allen vergessen sein … Womit wohl werden die neuen Menschen ihr neues Leben heiligen? Wessen Segen werden sie auf ihre rege, lärmende Arbeit herabrufen?

Über der Stadt

Wenn wir von unten, vom Kirchhof her am Glockenturm emporblickten, spürten wir selbst, wie klein wir noch waren, und es war ein bißchen unheimlich, weil die Wolken am klaren Frühlingshimmel langsam von uns wegzogen, während der hohe weiße Glockenturm, sich nach oben hin verjüngend und mit seinem goldenen Kreuz unter den Wolken funkelnd, langsam und sachte auf den Kirchhof hinunterkippte – und das Kreuz sah aus wie ein kleiner Mensch mit ausgebreiteten Armen … Dann rannten wir um die Wette auf die schmale Tür des Glockenturms zu.

Die lange, beinahe lotrecht ansteigende Treppe verlor sich unmittelbar hinter der Tür in der Dunkelheit. Im Dunkeln, eingezwängt zwischen den kalten Ziegelsteinwänden, kletterten wir einer hinter dem anderen beherzt hinauf. Das Licht würde sich, wie wir wußten, ganz plötzlich zeigen – und wirklich, bald war weiter vorn ein heller Schimmer zu sehen. Ein paar Schritte noch, eine Biegung, und wir sind in einem niedrigen Raum, von einem vergitterten Fenster schwach erhellt. Über unseren Köpfen eine schwere Decke, sich überkreuzende Holzbalken, verstaubt und voller Spinnweben, am Boden ganze Haufen von kalkhaltigem Vogelkot, ein verbeultes, kupfernes Taufbecken inmitten von Ziegelsteinen und Unrat, abgeblätterte Suzdaler Ikonen, ein Weihrauchfaß mit abgerissenen Ketten ... Eine heidelbeerschwarze Dohle sitzt mit einer Flaumfeder im Schnabel auf dem Fensterbrett und schielt abwartend mit einem Auge. Geheimnisvoll ist es in dieser alten Rumpelkammer! Aber es bleibt keine Zeit, sich umzusehen. Schon ertönten über uns die Stimmen und das Fußgetrappel derer, die uns zuvorgekommen waren – hellklingend und fröhlich, wie immer im Frühling im Glockenturm. Mit ein paar flüchtigen Blicken auf den Unrat und die Balken stürmten wir über die dunklen Biegungen der Treppe weiter ...

»Kommt her!« ruft es von oben. Wir schauen uns an und stürzen zu der verfallenen, steilen Treppe in den nächsten Stock, der schmaler noch und, so scheint es, schwankender ist als der erste, und wieder sind wir im dämmrigen, durch die Balkendecken unterteilten Innern des Glockenturms. Wieder das klobige, ungefüge Gebälk und die Treppe, die im Halblicht miteinander verschmelzen; wieder die Kühle und der Geruch der Ziegelsteinwände ... Überall die Verwahrlosung des alten Turms, alles ist großartig, mit Staub und Vogelkot bedeckt ... Die Treppe, unter der Ziegelsteine und Balken herumlagen, schwankte, unsere Knie zitterten, das Herz schlug schneller; doch durch die schmalen Fensterschlitze seitlich an der Treppe sahen wir das Azurblau, die Höhe, der wir zustrebten. Auf den Fenstersimsen, auf der Treppe und den Balken saßen wohlgenährte Tauben, graue und glänzende, und da wir uns bereits in einer Welt mit ihnen fühlten, fanden wir es jammerschade, daß sie unter heftigem Flügelschwirren hastig auseinanderstoben, sobald wir näher kamen, und damit sich und uns einen Schreck einjagten. Was sie im übrigen nicht daran hinderte, sich sogleich auf anderen Stufen niederzulassen, ihr dumpfes, aufgebracht sanftes Gurren wieder aufzunehmen und dabei mit geblähtem Kropf auf der Stelle zu treten. In der einen Ecke hockte ein weißes Taubenweibchen auf ihren Eiern – mit welcher Neugier wir ihr von oben her zusahen! Hier war es nahezu völlig dunkel, nur in einem länglichen, schmalen Fensterchen leuchtete ein blauer Streifen Himmel …

»Da kommt Wasska!« freute sich einer von uns, der durch dieses kleine Fenster gespäht und unten am Glokkenturm den Glöckner Wasska entdeckt hatte. Wir beschleunigten unsere Schritte noch mehr, um das Geläut nicht zu verpassen. Wir empfanden die Höhe bereits hier im zweiten Stock sehr stark. Aber es galt noch etwa dreißig Schritte zu tun, bis zu den Glocken im dritten Stock. Wir warfen einen flüchtigen Blick hinunter – und erkannten die Birke an der Mauer nicht wieder: So klein und niedrig war sie geworden! Jetzt war selbst die gewaltige Kuppel der Kirche auf einer Höhe mit uns, darunter die bunten Dächer der zum Fluß hinablaufenden Stadt, zwischen ihnen Straßen und Gassen, schmuddlige Höfe, Gärten und Ödland … Dort im Hof des Beamten hängt eine Frau Wäsche auf die Leine; da drüben tritt ein Kleinbürger in Weste und Kattunhemd aus einem Holzhäuschen, das aussieht wie eine Hundehütte; nebenan schlendern die Postkutscher mit dem Halfter in der Hand träge über den Posthof und spannen zwei klapperdürre Pferde vor eine Kutsche; dahinten liegen die tristen, steinernen Häuser des reichen Kaufmanns am Marktplatz, und wo dieser sich zum seichten Fluß hinabsenkt, steht die niedrige alte Kathedrale mit der blauen, weißgesternten Kuppel … Die Straßen liegen verlassen – all die Kleinbürger, die Kaufleute, die alten Frauen und die jungen Spitzenklöpplerinnen sitzen in ihren kleinen Häusern und wissen wohl gar nicht, welche Weite grüner Felder sich rings um die Stadt herum ausbreitet; wir aber wissen es und laufen noch höher, wo es nun richtig unheimlich ist, vor allem wenn man überlegt, daß man sich der Spitze des Glockenturms nähert, der mit seinem goldenen Kreuz über der Stadt glänzt.

Heute scheint mir die Kindheit ein ferner Traum, aber noch immer denke ich gerne daran, daß wir uns wenigstens von Zeit zu Zeit erheben konnten über diesen kleinbürgerlichen Krähwinkel, der uns bedrückte mit seinen langen Tagen und Abenden, mit dem Gang zur Schule, wo unsere Kindheit dahinschwand, die voller Träume war von Reisen, Heldentum und aufopfernder Freundschaft, von Vögeln, Pflanzen und Tieren, von heißersehnten Büchern! Vögel lieben die Höhe – und auch uns zog es zu ihr hin. Unsere Mütter sagten immer, daß wir wachsen, wenn wir im Traum fliegen – und auf dem Glockenturm wuchsen wir, wir spürten Flügel an den Schultern … Wenn wir ganz außer Atem endlich den letzten Stock des Glockenturms erklommen hatten, sahen wir um uns herum nur Azurblau und wellige Steppe. Die Stadt lag wie ein bunter Plan weit unter uns, klein und dichtgedrängt, und in unseren Herzen empfanden wir das, was Schwalben im Flug verspüren müssen. Während wir auf Wasska warteten, zettelten wir eine Rauferei an, wir rannten hintereinander her, stampften mit den Stiefeln unter den kupfernen Helmen der Glokken auf, schrien laut hinein und entlockten dem Kupfer ein Echo. Wir schlängelten uns durch die Seile, die an den Klöppeln der Glocken befestigt waren, gelangten über die Trittleiter zur Hauptglocke, die verziert war mit Basreliefs der Cherubim und mit der Aufschrift, welcher Kaufmann sie hatte gießen lassen, und wir schlugen der Reihe nach gegen den Rand der Glocke: Wenn man dagegenschlug und horchte, schien irgendwo weit weg ein singendes Glockengeläut zur Frühmesse zur erklingen! Einmal, als ich auf die oberste Stufe geklettert war, erblickte ich plötzlich auf der Glocke das Antlitz des strengen, herrlichen Engels *Angel Welikogo Soweta* und las das mächtige, knappe Gebot: »Verkünde der Erde Freude …«

Wie hat mich diese Inschrift aufgewühlt, selbst damals schon! Der Narr Wasska kam auf den Glockenturm geklettert, um die Freude zu verkünden; aber selbst diese beklagenswerte Gestalt kann meine Erinnerung an den Spätnachmittag im Frühling nicht beeinträchtigen, an den klaren Himmel in den Fensterbögen des Glockenturms, an das mächtige Vibrieren, das dumpfe Dröhnen, von dem die Spitze des Glockenturms und wir alle mit ihr ergriffen wurden, wenn Wasska uns nach langem Schwingen des Klöppels mit dem ersten Schlag betäubte, die Tauben von den Simsen aufscheuchte, sich ganz seiner Lieblingsbeschäftigung hingab und im klingenden, unausgesetzten Dröhnen des Kupfers versank. Dieses Dröhnen hallte in den Ohren und im ganzen Körper wider; der ganze Glockenturm schien von der Spitze bis zum Fundament voller Stimmen, voll dumpfem Hall und Gesang. Ohne die Augen von Wasskas hin und her schwingenden Armen zu nehmen, standen wir da, gebannt vor Begeisterung angesichts der gigantischen Kraft der Klänge, starr vor atemberaubendem Stolz, als seien wir selbst Teil der erhabenen Bestimmung der Glocke, Freude zu verkünden. Wir verloren uns in den Klängen, schwangen uns mit ihren sich verströmenden Wellen gleichsam selbst in die Luft und warteten nur auf eines – daß die Glocke der Kathedrale mit ihrem tiefen Baß baldmöglichst antworten möge und daß sich Wasska im Eifer des Wettstreits von der Treppe zu seiner ganzen Größe aufrichten und nun aus voller Kraft den Klöppel schlagen würde. Mein Gott, was für ein Geläut sich da über unserem ärmlichen Flecken erhob, und wie sehr ich mir wünschte, irgendwann einmal an Wasskas Stelle zu sein!

Dieser eigenartige Wunsch beschleicht mich auch heute noch gelegentlich. Wenn ich von Zeit zu Zeit das Städtchen besuche, wo ich meine Knabenjahre verbrachte, denke ich an diese Freude, beinahe die einzige jener Zeit – unsere Abenteuer auf dem Glockenturm. Wenn ich dann an den Sommerabenden am Fenster sitze, lausche ich auf das an verschiedenen Enden der Stadt beginnende, ineinanderfließende und gleichmäßig vibrierende Dröhnen der Glocken, und dieses Dröhnen läßt mich in Gedanken daran versinken, wie Tausende und Abertausende unserer Leben verfließen. Die Kameraden meiner Kindertage, die, die einstmals am Zaun so unbekümmert das Knochenspiel spielten, die, denen die Kindheit so vieles verhieß – wo sind sie? Und ihre Mütter und Väter, bereits gebückt und tief gebeugt durch die Leiden und die Nähe des Todes, schleppen sich mit gelben Wachskerzen in der Hand zum Altar Gottes, der ihnen immer grausam und strafend erschien, der ewige Tränen der Reue und Seufzer zu verlangen schien … Und ich erinnere mich an die ferne Zeit, als Wasska so klangvoll und schwer an die große Glocke schlug. In Gedanken erklimme ich den Glockenturm und packe nun das Seil am Klöppel der Glocke mit meinen Händen. Es ist schwer, die Glocke in Schwung zu bringen, aber man muß möglichst stark ausschwingen, damit schon beim ersten Schlag die Luft erzittert. Und wenn die anderen Glocken antworten, muß man sich vergessen, sich verlieren in den ungestümen Klängen und zumindest für einen Augenblick glauben und die Menschen erinnern: »Gott aber ist nicht der Toten, sondern der Lebendigen Gott!«

Neujahr

»Hör zu«, sagte meine Frau, »mir ist unheimlich.«

Es war eine mondhelle, winterliche Mitternacht, auf dem Weg aus dem Süden nach Petersburg übernachteten wir auf unserem Vorwerk im Gouvernement Tambow und schliefen im Kinderzimmer, dem einzigen warmen Raum im ganzen Haus. Ich schlug die Augen auf und sah zartes, von bläulichem Licht erfülltes Halbdunkel, den mit Pferdedecken belegten Boden und die weiße Ofenbank. Oben an dem quadratischen Fenster, durch das man den hellen, verschneiten Hof sah, ragten die borstigen Grannen des vom Rauhreif silbrig schimmernden Strohdachs hervor. Es war so still, wie es nur in einer Winternacht in der Steppe sein kann.

»Du schläfst«, sagte meine Frau verdrossen. »Ich bin vorhin im Reiseschlitten eingeschlummert, und jetzt kann ich nicht schlafen ...«

Sie lag halb aufgerichtet auf dem großen altertümlichen Bett an der Wand gegenüber. Als ich zu ihr trat, flüsterte sie übermütig:

»Hör zu, bist du auch nicht ärgerlich, daß ich dich geweckt habe? Mir wurde wahrhaftig ein wenig unheimlich und irgendwie auch sehr behaglich. Plötzlich fühlte ich, daß wir beide hier vollkommen allein sind, und da überkam mich eine geradezu kindliche Angst ...«

Sie hob lauschend den Kopf.

»Hörst du, wie still es ist?« fragte sie kaum vernehmlich.

In Gedanken ließ ich meinen Blick weit über die verschneiten Felder ringsum schweifen – allenthalben die Totenstille einer russischen Winternacht, in der geheimnisvoll das Neue Jahr nahte. ... So lange schon hatte ich nicht mehr auf dem Land übernachtet, so lange schon hatte ich nicht mehr einträchtig mit meiner Frau gesprochen! Ich küßte sie mehrmals auf die Augen, auf die Haare, mit jener stillen Liebe, die es nur in seltenen Momenten gibt, und sie reagierte unerwartet mit den ungestümen Küssen eines verliebten Mädchens. Dann preßte sie lange meine Hand an ihre erhitzte Wange.

»Wie schön!« seufzte sie zuversichtlich. Sie schwieg eine Weile und fügte dann hinzu: »Ja, trotz allem bist du der einzige Mensch, der mir nah ist! Spürst du, daß ich dich liebe?«

Ich drückte ihre Hand.

»Wie ist das gekommen?« fragte sie und schlug die Augen auf. »Ich habe dich ohne Liebe geheiratet, wir vertragen uns schlecht, du erklärst, du hättest meinetwegen eine triviale, schwere Existenz ... Und doch spüren wir immer häufiger, daß wir einander brauchen. Woher kommt das, und warum nur in gewissen Momenten? Ein gutes Neues Jahr, Kostja!« Sie bemühte sich zu lächeln, und einige warme Tränen tropften auf meine Hand.

Den Kopf auf das Kissen gelegt, fing sie an zu weinen, und die Tränen taten ihr gewiß wohl, denn hin und wieder hob sie das Gesicht, lächelte unter Tränen und küßte meine Hand, im Bemühen, das Weinen durch die Zärtlichkeit auszudehnen. Ich strich ihr über die Haare und gab ihr damit zu verstehen, daß ich diese Tränen zu schätzen wußte und verstand. Ich dachte an das vorige Neujahr, das wir wie gewöhnlich in Petersburg im Kreise meiner Kollegen verbracht hatten, wollte mir das Vorvergangene in Erinnerung rufen – und es gelang mir nicht, und wieder mußte ich daran denken, was mir häufig durch den Kopf geht: Die Jahre fließen zu einem einzigen zusammen, unübersichtlich und einförmig, lauter graue Arbeitstage, die geistigen und seelischen Fähigkeiten lassen nach, und immer unerfüllbarer scheinen die Hoffnungen, ein eigenes Heim zu besitzen, sich irgendwo auf dem Lande oder im Süden niederzulassen, mit Frau und Kindern durch Weinberge zu schlendern, im Sommer im Meer zu angeln … Ich dachte daran, wie sich meine Frau genau vor einem Jahr mit gespielter Liebenswürdigkeit um jeden bemüht und gekümmert hatte, der als unser Freund galt und mit uns die Neujahrsnacht feierte, wie sie einigen jungen Gästen zulächelte und rätselhaft-schwermütige Trinksprüche ausbrachte, und wie fremd und unangenehm sie mir in der engen Petersburger Wohnung war …

»Es ist nun gut, Olja!« sagte ich.

»Gib mir ein Taschentuch«, entgegnete sie leise und mit kindlichem, stockendem Seufzen. »Ich höre ja schon auf zu weinen.«

Das Mondlicht fiel in einem duftig-silbrigen Streifen auf die Ofenbank und beschien sie mit einer eigenartigen, leuchtenden Blässe. Alles übrige lag im Halbdunkel, und darin schwebte sachte der Rauch meiner Papirossa. Die Pferdedecken am Boden, die warme, beschienene Ofenbank – alles atmete das abgelegene Leben auf dem Lande, die Behaglichkeit des Elternhauses …

»Bist du froh, daß wir hierhergekommen sind?« fragte ich.

»Sehr froh, Kostja, ich bin sehr froh!« erwiderte meine Frau mit ungestümer Aufrichtigkeit. »Ich habe darüber nachgedacht, als du schliefst. Meiner Meinung nach«, sagte sie und lächelte nun, »müßte man zweimal heiraten. Im Ernst, was wäre das für ein Glück – sich bewußt trauen zu lassen, nachdem man mit einem Menschen gelebt und gelitten hat! Und man sollte unbedingt zu Hause leben, im eigenen Heim, irgendwo weit weg von allen … Im Elternhaus geboren werden, leben und sterben, wie Maupassant sagt.«

Gedankenverloren legte sie den Kopf wieder auf das Kissen.

»Das hat Sainte-Beuve gesagt«, berichtigte ich.

»Gleichviel, Kostja. Ich bin womöglich dumm, wie du immer sagst, aber ich bin die einzige, die dich liebt. Willst du einen Spaziergang machen?«

»Einen Spaziergang? Wohin?«

»Über den Hof. Ich ziehe mir Filzstiefel an und deinen Halbpelz … Kannst du etwa jetzt wieder einschlafen?«

Eine halbe Stunde später waren wir angekleidet und standen lächelnd an der Tür.

»Bist du auch nicht ärgerlich?« fragte meine Frau und nahm meinen Arm.

Sie blickte mir zärtlich in die Augen, ihr Gesicht war in diesem Moment voller Liebreiz, und sie wirkte sehr weiblich in dem grauen Schaltuch, das sie nach ländlicher Sitte um den Kopf gewickelt hatte, und den weichen Filzstiefeln, die sie kleiner erscheinen ließen.

Vom Kinderzimmer gingen wir hinaus in den Flur, wo es finster und kalt war wie in einem Keller, und gelangten in der Finsternis in die Diele. Wir warfen einen Blick in den Saal und in den Salon … Das Quietschen der Tür, die in den Saal führte, drang durch das ganze Haus, und aus dem Halbdunkel des großen, leeren Raumes starrten uns wie zwei riesige Augen die beiden hohen Fenster zum Garten an. Das dritte war mit morschen Läden versperrt.

»Hallo!« rief meine Frau auf der Schwelle.

»Laß doch«, sagte ich. »Sieh lieber, wie schön es dort ist.«

Sie verstummte, und wir traten zaghaft in den Raum. Durch die Fenster sah man den spärlichen, niedrigen Garten oder vielmehr das über die weite, verschneite Lichtung verstreute Buschwerk, dessen eine Hälfte im langgezogenen Schatten des Hauses lag, während die andere, beleuchtete Hälfte deutlich und zartweiß unter dem Sternenhimmel der stillen Winternacht schimmerte. Eine Katze, die von irgendwoher aufgetaucht war, sprang plötzlich mit einem weichen Klopflaut vom Fensterbrett und huschte mit funkelnden, goldorangefarbenen Augen zwischen unseren Füßen hindurch. Ich zuckte zusammen, und meine Frau flüsterte besorgt:

»Hättest du Angst alleine?«

Eng aneinandergeschmiegt gingen wir durch den Saal in den Salon, zu der gläsernen Flügeltür, die auf die Veranda führte. Hier stand noch immer die riesige Chaiselongue, auf der ich als Student geschlafen hatte, wenn ich zu Besuch aufs Land gekommen war. Es schien erst gestern gewesen zu sein, diese Sommertage, an denen wir mit der ganzen Familie auf der Veranda zu Mittag aßen ... Jetzt roch es im Salon nach Schimmel und Winterfeuchte, die schweren, gefrorenen Tapeten hingen in Fetzen von den Wänden ... Es tat weh, an die Vergangenheit zu denken, und ich wollte es nicht, besonders angesichts dieser prächtigen Winternacht. Vom Salon sah man den ganzen Garten und die schneeweiße Ebene unter dem Sternenhimmel, jede Schneewehe, jungfräulich rein, jede kleine Tanne im weißen Schnee.

»Ohne Skier sinken wir ein«, erwiderte ich auf die Bitte meiner Frau, durch den Garten zum Dreschplatz zu gehen. »Früher saß ich manchmal ganze Nächte hindurch auf dem Dreschplatz, in den Haferdiemen ... Heute kommen die Hasen bestimmt bis an die Veranda.«

Ich riß einen großen Fetzen Tapete ab, der neben der Tür hing, und warf ihn in die Ecke, dann kehrten wir in die Halle zurück und gingen durch den geräumigen Vorbau aus Holzbalken hinaus in die frostige Luft. Ich ließ mich auf den Stufen der Vortreppe nieder und zündete mir eine Papirossa an, während meine Frau, mit den Filzstiefeln im Schnee knirschend, auf die Schneewehen zulief und das Gesicht zum bleichen Mond hob, der schon niedrig über der länglichen schwarzen Kate stand, in der der Wächter des Gehöfts und unser Fuhrmann von der Station schliefen.

»Mond, Mond, goldene Hörner für dich, goldene Münzen für mich!« sagte sie, während sie sich auf dem weiten weißen Hof im Kreise drehte wie ein kleines Mädchen.

Ihre Stimme schallte hell durch die Luft, eigentümlich in der Stille dieses toten Gehöfts. Sie wirbelte im Kreis herum und kam bis zu dem Schlitten des Fuhrmanns, der sich im Schatten vor der Kate dunkel abzeichnete, und man hörte sie im Gehen murmeln:

Da kommt, ganz leicht nur angetan,
Tatjana auf den Hof gegangen,
Den Mond im Spiegel einzufangen:
Allein es zittert traurig blaß
Nur Lunas Bild im dunklen Glas …

»Ich werde nie wieder versuchen, in die Zukunft zu schauen!« erklärte sie, als sie, atemlos und munter frostige Kühle ausstrahlend, zur Vortreppe zurückkam und sich auf den Stufen neben mir niederließ. »Bist du nicht eingeschlafen, Kostja? Darf ich mich neben dich setzen, mein Lieber, mein Goldstück?«

Ein großer, fuchsroter Hund kam hinter dem Vorbau hervor langsam auf uns zu, gutmütig-herablassend mit seinem buschigen Schwanz wedelnd; als sie ihn um seinen breiten, pelzigen Hals faßte, blickte er mit seinen klugen, fragenden Augen über ihren Kopf hinweg und wedelte ebenso ungerührt-gutmütig, vermutlich ohne es selbst zu bemerken, immer weiter mit dem Schwanz. Auch ich streichelte das dichte, kalte, glänzende Fell, blickte auf das blasse, menschliche Antlitz des Mondes, auf die längliche schwarze Kate und den im Schnee leuchtenden Hof und überlegte, um mich aufzumuntern:

»Wahrhaftig, vielleicht ist doch noch nicht alles verloren? Wer weiß, was dieses Neue Jahr mir bringt?«

»Wie es wohl jetzt in Petersburg ist?« überlegte meine Frau, wobei sie den Kopf hob und den Hund leicht zurückstieß. »Woran denkst du, Kostja?« fragte sie und näherte ihr durch die Kälte verjüngtes Gesicht dem meinen. »Ich denke daran, daß diese Bauern hier nie Neujahr feiern und daß in ganz Rußland jetzt längst alles schläft ...«

Aber ich hatte keine Lust zu reden. Mir war kalt, der Frost kroch langsam in die Kleider. Rechter Hand sah man durch das Tor das wie Goldglimmer funkelnde Feld, und die kahle Weide mit den dünnen, vereisten Zweigen weit draußen auf dem Feld sah aus wie ein gläserner Baum im Märchen. Am Tag hatte ich dort das Gerippe einer verendeten Kuh gesehen, und nun wurde der Hund plötzlich aufmerksam und spitzte die Ohren: In der Ferne lief etwas Kleines, Dunkles, ein Fuchs vielleicht, durch den funkelnden Glimmer von der Weide weg, und in der feinhörigen Stille klang das kaum vernehmliche, geheimnisvolle Knirschen der Schneekruste noch lange nach.

Meine Frau lauschte und fragte:

»Und wenn wir hierblieben?«

Ich überlegte und erwiderte:

»Wäre es dir nicht langweilig?«

Kaum hatte ich das gesagt, spürten wir beide, daß wir es nicht einmal ein Jahr lang hier aushalten würden. Weggehen von den Menschen, niemals etwas anderes sehen als dieses verschneite Feld! Angenommen, wir würden Landwirtschaft betreiben … Aber was konnte man auf diesen kläglichen Überresten des Gehöfts, auf diesen hundert Desjatinen Grund und Boden schon anfangen? Heutzutage gibt es überall solche Gehöfte – auf hundert Werst ringsum kein einziges Haus, in dem Leben zu spüren wäre! Und in den Dörfern herrscht der Hunger …

Wir schliefen tief und fest, und am Morgen mußten wir uns gleich nach dem Aufstehen auf den Weg machen. Als draußen Kufen knirschten und die hintereinander eingespannten Pferde über die hohen Schneewehen direkt am Fenster vorbeistapften, lächelte meine Frau im Halbschlaf traurig, und man spürte, daß es ihr leid tat, diese warme ländliche Stube zu verlassen …

»Nun ist das Neue Jahr da!« dachte ich, während ich aus dem knarrenden, mit Rauhreif überzogenen Reiseschlitten über das Feld blickte. »Wie wird es uns in diesen neuen dreihundertfünfundsechzig Tagen ergehen?«

Aber das leichte Geplauder der Schellen brachte mich durcheinander, und der Gedanke an die Zukunft war unangenehm. Beim Blick aus dem Schlitten konnte ich das trübe, graublaue Bild des Gehöfts, das in der ebenen, verschneiten Steppe immer kleiner wurde und allmählich mit der dunstigen Ferne des frostigen Nebeltags verschmolz, schon kaum mehr erkennen. Der Fuhrmann trieb die reifbedeckten Pferde im Stehen an, ihm waren das Neue Jahr, das öde Feld, unser Schicksal und auch sein eigenes offenbar herzlich gleichgültig. Er tastete unter dem schweren Bauernrock und dem Halbpelz mit Mühe nach der Tasche und zog seine Pfeife hervor, und bald zog der Duft von grauer Machorka durch die Winterluft. Der Geruch war vertraut, angenehm, und die Erinnerungen an das Gehöft rührten mich ebenso wie die vorläufige Versöhnung mit meiner Frau, die in eine Ecke des Fuhrwerks geschmiegt schlummerte, die langen, vom Rauhreif grauen Wimpern gesenkt. Doch ich gehorchte meinem inneren Bedürfnis, so schnell wie möglich wieder in das seichte Getriebe des Alltags und in die gewohnte Umgebung einzutauchen, und rief mit gespielter Fröhlichkeit:

»Treib die Pferde an, Stepan, fahr zu! Wir kommen zu spät!«

Weit in der Ferne liefen schon die schemenhaften Silhouetten der Telegrafenmasten vorbei, und das leichte Geplauder der Schellen paßte gut zu meinen Gedanken an das unbeständige, sinnlose Leben, das mich dort erwartete …

Glück

I

Bei Sonnenuntergang ging Regen nieder, er rauschte durch den Garten um das Haus, und durch das offene Oberlicht am Fenster im Saal drang die süße Frische des feuchten Maigrüns herein. Der Donner dröhnte über dem Dach und schwoll dumpf hallend an, wenn ein rötlicher Blitz durch den Saal zuckte, durch die tiefhängenden Wolken wurde es dunkel, und es war schwer zu erkennen, ob wirklich die Dämmerung einbrach oder ob es nur so schien. Später kamen die Arbeiter in ihren nassen Bauernröcken zurück vom Feld, sie spannten die schmutzigen Hakenpflüge vor dem Schuppen aus und trieben dann die Herde heim, die den ganzen Hof mit dem Blöken der Lämmer erfüllte. Die Weiber liefen über den Hof und den Schafen hinterher, die Röcke geschürzt, die bloßen weißen Füße im Gras blitzend; ein Hirtenjunge mit einer riesigen Mütze und ausgetretenen Bastschuhen jagte durch den Garten einer Kuh nach und verschwand mit dem Kopf in den Kletten, als die Kuh sich geräuschvoll ins Dickicht stürzte ... Die Nacht brach an, der Regen ließ nach, aber der Vater, der schon morgens aufs Feld gegangen war, war noch immer nicht zurückgekehrt.

Ich war allein zu Hause, aber ich hatte keine Langeweile; weder meine Rolle als Frau des Hauses noch die

Freiheit nach dem Gymnasium hatte ich bis jetzt auskosten können. Mein Bruder Pascha war zur Ausbildung im Korps, Anjuta, die noch zu Mamas Lebzeiten geheiratet hatte, lebte in Kursk; der Vater und ich hatten meinen ersten Winter auf dem Lande ganz zurückgezogen verbracht. Aber der Winter war nicht langweilig gewesen. Ich war gesund und hübsch, ich gefiel mir … gefiel mir auch deshalb, weil ich gerne umherlief, im Haus arbeitete oder Anordnungen erteilte. Bei der Arbeit summte ich irgendwelche selbsterfundenen Melodien vor mich hin, die mich rührten. Wenn ich mich im Spiegel erblickte, lächelte ich unwillkürlich … Und offenbar stand mir alles gut zu Gesicht, obgleich ich mich einfach kleidete.

Sobald der Regen aufgehört hatte, warf ich ein Tuch um die Schultern, raffte meinen Rock und lief zum Viehhof, wo die Frauen Kühe molken. Ein paar Tropfen fielen vom Himmel herab auf meinen bloßen Kopf, aber die leichten Schleierwolken hoch oben über dem Hof lösten sich bereits auf, und über dem Hof schwebte ein seltsames blasses Zwielicht, wie immer bei uns in den Mainächten. Die Kühle feuchter Gräser wehte vom Feld her und mischte sich mit dem Geruch nach Rauch aus dem Gesindehaus, wo eingeheizt wurde. Ich warf kurz einen Blick hinein – die Knechte, junge Männer in weißen Hanfhemden, saßen um den großen Tisch herum bei einem Teller Suppe und erhoben sich, als ich hereinkam; ich trat zum Tisch, mußte lachen, weil ich so gerannt war und keine Luft mehr bekam, und fragte:

»Aber wo ist Papa? Er war doch auf dem Feld?«

»Er war nur kurz dort, dann ist er weggefahren«, kamen sogleich mehrere Stimmen zur Antwort.

»Wie denn?«

»In der Droschke, mit dem gnädigen jungen Herrn Siwers.«

»Ist er etwa da?« hätte ich beinahe gefragt, so verwundert war ich über diesen unerwarteten Besuch, doch ich besann mich noch rechtzeitig, nickte nur und ging rasch wieder hinaus.

Siwers leistete damals nach Abschluß der Petrow-Akademie seinen Militärdienst. Schon in der Kindheit hatte man mich seine Braut genannt – wir waren Nachbarn –, und als ich klein war, mochte ich ihn deswegen nicht leiden. Später aber dachte ich häufiger an ihn wie an einen Bräutigam, und als er im August, bevor er zu seinem Regiment einrückte, in seinem Soldatenhemd mit den Epauletten vorbeikam und sich wie alle Freiwilligen genüßlich über das gespreizte Gerede seines Feldwebels, eines Kleinrussen, ausließ, begann ich mich mit dem eigenartigen Gedanken vertraut zu machen, daß ich seine Frau werden könnte. Fröhlich und braungebrannt, wie er war – nur die Hälfte seiner Stirn leuchtete weiß –, fand ich ihn damals sehr einnehmend.

»Also hat er Urlaub genommen«, überlegte ich aufgeregt, und mir war es angenehm, daß er offenbar meinetwegen gekommen war, aber auch unheimlich. Ich eilte ins Haus, um das Abendessen für den Vater zuzubereiten, doch als ich in die Lakaienstube kam, ging der Vater schon mit den Stiefeln polternd durch den Saal. Ich weiß nicht warum, aber ich freute mich ungemein, daß er da war, und küßte ihm fest die linke Hand. Sein Hut war in den Nacken gerutscht, der Bart zerzaust, die hohen Stiefel und der Rock aus Shantungseide waren über und über mit Dreck bespritzt, aber er erschien mir in dem Moment als Verkörperung männlicher Schönheit und Kraft.

»Was sitzt du hier im Dunkeln?« fragte ich.

»Ach, weißt du, Natata«, erwiderte er und nannte mich wie in der Kindheit, »ich lege mich jetzt hin und werde nicht zu Abend essen. Ich bin entsetzlich müde, und außerdem, weißt du, wie spät es ist? Beinahe zehn. Ein Glas Milch vielleicht«, setzte er zerstreut hinzu.

Ich streckte die Hand nach der Lampe aus, aber er schüttelte den Kopf, musterte das Glas gegen das Licht, ob auch keine Fliege darin war, und trank die Milch in kleinen Schlucken. Im Garten sangen schon die Nachtigallen, und in den drei Fenstern nach Nordwesten sah man den weiten, hellgrünen Himmel über den violetten Frühlingswölkchen mit ihren zarten, schönen Silhouetten. Alles war verschwommen, auf der Erde wie am Himmel, alles gedämpft durch das leichte Halbdunkel der Nacht, und alles war zu erkennen im Zwielicht der noch nicht erloschenen Dämmerung. Ruhig antwortete ich dem Vater auf seine Fragen nach dem Haushalt, doch als er unvermittelt sagte, morgen würde Siwers kommen, spürte ich, wie ich errötete.

»Warum?« murmelte ich.

»Er will um deine Hand anhalten«, antwortete der Vater mit einem gezwungenen Lächeln. »Wir haben schon auf dich getrunken. Nun ja, er ist ein schöner, kluger Kerl, wird ein guter Hausherr sein … Ist er Ihnen nicht gut genug, Gnädigste?«

»Sprich nicht so, Papa!« sagte ich, und mir traten Tränen in die Augen.

Der Vater blickte mich lange an.

»Nun, so weit sind wir noch nicht!« sagte er und erhob sich.

Er küßte mich auf die Stirn und ging rasch zur Tür des Kabinetts.

»Schlafen wir darüber«, setzte er hinzu und wandte sich in der Tür noch einmal um. »Steh morgen etwas früher auf, ich muß zum Bahnhof fahren …«

II

Schläfrige Fliegen, aufgeschreckt durch unser Gespräch, surrten leise an der Decke und dösten allmählich wieder ein, die Uhr begann zu fauchen und schmetterte trübselig »Kuckuck«, elfmal – eine späte Zeit für ein Gutshaus auf dem Lande …

»Nun, so weit sind wir noch nicht!« – Die beruhigenden Worte des Vaters kamen mir in den Sinn, und wieder war mir leicht und irgendwie glücklich und traurig zugleich zumute …

Der Vater schlief, im Kabinett war es längst still, und im Haus schlief auch alles. Etwas Beglückendes lag in der nächtlichen Stille nach dem Regen und dem eifrigen Schlagen der Nachtigallen, etwas unfaßbar Wunderbares schwebte im weiten Halblicht der Dämmerung. Bemüht, keinen Lärm zu machen, begann ich vorsichtig, den Tisch abzuräumen, ich schlich auf Zehenspitzen von einem Zimmer ins andere, stellte Milch, Honig und Butter in den kalten Ofen im Vorraum, bedeckte das Teeservice mit einer Serviette und ging in mein Schlafzimmer. Das trennte mich nicht von den Nachtigallen und der Dämmerung. Die Fensterläden in meinem Zimmer waren geschlossen, doch mein Zimmer lag neben dem Salon, in der geöffneten Tür konnte ich durch den Salon das Halblicht im Saal sehen, und die Nachtigallen waren im ganzen Haus zu hören. Mit gelöstem Haar saß ich lange auf dem Bett, wollte immerzu eine Entscheidung treffen, aber dann schloß ich die Augen und schlief, mit dem Ellbogen auf das Kopfkissen gestützt, unversehens ein. Als plötzlich jemand über mir ganz deutlich: »Siwers!« sagte, zuckte ich zusammen und erwachte.

Ich warf die Decke zurück, steckte schnell das Haar auf, zog behutsam die Schnürschuhe aus, bemüht, keinen Krach zu machen, und begann, mich auszuziehen … Und pötzlich lief der Gedanke an einen Ehemann als süßer kalter Schauer über meinen ganzen Körper, und Schamesröte stieg mir ins Gesicht …

Ich lag lange da, ohne Gedanken, wie in einem Dämmerzustand … Dann stellte ich mir vor, ich sei schon verheiratet und allein auf dem Gut, und in einer solchen Nacht käme mein Mann aus der Stadt zurück, er würde ins Haus treten und im Vorraum lautlos den Mantel ausziehen, und ich würde ihm zuvorkommen und gleichfalls lautlos auf der Schwelle des Schlafzimmers erscheinen … Wie freudig er mich, die ich halb entkleidet war, in seine Arme schließen würde! Und allmählich schien mir schon, ich sei verliebt. Ich kannte Siwers damals kaum; der Mann, mit dem ich in Gedanken diese erste zärtliche Nacht meiner ersten Liebe verbrachte, glich ihm nicht, und dennoch schien mir, ich dächte dabei an Siwers. Beinahe ein Jahr hatte ich ihn nicht gesehen, und die Nacht machte sein Bild noch verschwommener, schöner und begehrenswerter. Es war still und dunkel; ich lag reglos da und verlor immer mehr das Gefühl für Realität. »Ja, schön und klug …« Lächelnd blickte ich in die Dunkelheit meiner geschlossenen Augen, wo helle Flecken und Gesichter schwammen. »Mein Lieber!« wiederholte ich einige Male.

Unterdessen spürte ich, daß die tiefe Nacht gekommen war. »Wenn Mascha zu Hause wäre«, ich dachte an mein Dienstmädchen, »dann würde ich jetzt zu ihr gehen, und wir würden bis zum Morgengrauen schwatzen … Aber nein«, überlegte ich wiederum, »allein ist es besser … Ich nehme sie zu mir, wenn ich heirate …« Etwas knackte zaghaft im Saal. Ich lauschte aufmerksam. Wie schön, daß alles so unheimlich, so seltsam war! Als ich schließlich die Augen aufschlug, schien es mir dunkler im Saal. Alles um mich herum und in mir selbst war verändert und lebte ein anderes Leben – ein eigentümliches, nächtliches Leben, das am Morgen nicht zu begreifen war. Die Nachtigallen waren verstummt, gemächlich schlug nur noch die eine, die in diesem Frühling direkt vor dem Balkon wohnte, das Pendel im Saal tickte bedächtig, rhythmisch-exakt, und die Stille im Haus hatte etwas Angespanntes. Ich lauschte auf jedes Geräusch, setzte mich im Bett halb auf und fühlte mich der Macht dieser geheimnisvollen Stunde ausgeliefert, die geschaffen war für Küsse, für verstohlene Umarmungen, und die unglaublichsten Vorschläge und Erwartungen schienen mir allmählich vollkommen natürlich. Plötzlich fiel mir Siwers' scherzhaftes Versprechen ein, er werde sich eines Nachts bei uns im Garten zu einem Rendezvous mit mir einfinden ... Und wenn das kein Scherz gewesen wäre? Wenn er nun langsam und lautlos zum Balkon käme?

»Mein Gott«, überlegte ich entzückt, »das Leben könnte man hingeben für ein solches Glück!«

Auf das Kopfkissen gestützt, starrte ich in die flirrende Dämmerung des Salons und durchlebte in meiner Phantasie all das, was ich ihm leise zuflüstern würde, wenn ich die Tür zum Balkon öffnen, voller Wonne meinen Willen verlieren und mich über den nassen Sand der Allee in die Tiefe des feuchten, duftenden Gartens entführen lassen würde ... Wie oft habe ich in der Jugend von solchen Rendezvous geträumt, Verse schlechter Dichter gelesen, in denen Nachtigallen und Rendezvous besungen wurden, und wie eigenartig, daß ich in meiner ganzen Jugend nur dieses eine, erfundene Rendezvous erlebt habe!

III

Ich unterdrückte ein innerliches Beben und begann mich anzukleiden ... Wohin? Zu ihm, gab ich mir entschlossen zur Antwort. Im August, in einer heißen, dunklen Nacht, hatte ich einmal genauso wach gelegen, während er durch das Dorf streifte und die ganze Nacht hindurch Kosakenlieder sang. Konnte sich das nicht wiederholen? Ich weiß noch, daß ich keinerlei Scham empfand, als ich mich fertig machte. Hin und wieder schlugen meine Zähne aufeinander, mein Gesicht brannte, doch ich zog mich sorgfältig an, fand im Dunkeln alles Notwendige, warf ein Tuch um die Schultern, trat hinaus in den Salon und blieb mit klopfendem Herzen an der Tür zum Balkon stehen. Als ich mich davon überzeugt hatte, daß im Haus kein Laut zu hören war außer dem gleichmäßigen Ticken der Uhr und dem Echo der Nachtigall, drehte ich kräftig und lautlos den Schlüssel im Schloß herum. Sofort wurde das Schlagen der Nachtigall, das durch den Garten klang, deutlicher hörbar, die angespannte Stille verschwand – und meine Brust atmete frei die duftende Feuchte der Nacht.

Über die lange Allee junger Birken, auf dem feuchten Sand des Weges ging ich rasch durch das Zwielicht der Dämmerung, die durch kleine Wolken im Norden verdunkelt wurde, zu dem Dickicht am Ende des Gartens, wo sich zwischen Pappeln und Espen eine Fliederlaube befand. Es war so still, daß man vereinzelte Tropfen von den überhängenden Zweigen fallen hörte. Alles schlummerte, genoß den Schlummer, allein die Nachtigall sang schmachtend ihr süßes Lied. In jedem Schatten schien eine menschliche Gestalt zu sein, alle Augenblicke stockte mir das Herz, und als ich schließlich in das Dunkel der Laube trat und mir ihre Wärme entgegenschlug, war ich beinahe sicher, daß mich sogleich jemand lautlos und fest umfangen würde!

Doch es war niemand da, und ich stand da, zitternd vor Aufregung, und lauschte dem zarten, verschlafenen Wispern der Espen … Dann setzte ich mich auf die feuchte Bank … Ich wartete und warf von Zeit zu Zeit einen raschen Blick in die Morgendämmerung … Und noch lange war das nahe, nicht faßbare Wehen des Glücks um mich zu spüren, jenes Schreckliche und Große, das im einen oder anderen Moment beinahe jedem von uns an der Schwelle des Lebens begegnet. Es hatte mich plötzlich berührt und vielleicht genau das getan, was getan werden mußte – mich kurz berührt, um dann zu verschwinden. Ich weiß noch, daß all die zärtlichen Worte, die in meiner Seele erklangen und auf die ich lauschte, mir Tränen in die Augen trieben. An den Stamm einer feuchten Pappel gelehnt, lauschte ich auf das leicht anschwellende und dann wieder abebbende Murmeln der Blätter wie auf jemandes tröstende Worte und war beinahe glücklich über meine lautlosen Tränen …

Ich verfolgte den ganzen heimlichen Übergang der Nacht zum Morgengrauen. Ich sah, wie die Dämmerung blasser wurde, wie das fahlweiße Regenwölkchen im Norden, das durch den Kirschgarten in der Ferne schimmerte, sich purpurrot färbte. Es frischte auf, ich hüllte mich fester in mein Tuch, und in der heller werdenden Weite des Himmels, der vor meinen Augen immer größer und tiefer wurde, ging zitternd die helle Venus auf, rein und klar wie eine Träne. Ich dachte an niemanden mehr, aber irgend jemanden liebte ich, und meine Liebe war in allem: in der Kühle und im Duft des Morgens, in der Frische des grünen Gartens, in diesem Morgenstern ... Da erklang das schrille Quietschen des Wasserwagens, am Garten vorbei, zum Fluß hin ... Dann rief jemand auf dem Hof mit heiserer, morgendlicher Stimme ... Ich schlüpfte aus der Laube, lief rasch bis zum Balkon, öffnete behutsam und geräuschlos die Tür, und als ich in die warme Dunkelheit meines Zimmers kam, rollte ich mich auf dem Bett zusammen, ohne mich auszuziehen.

Siwers schoß am Morgen in unserem Garten Dohlen, und mir kam es vor, als sei ein Hirtenjunge ins Haus gekommen und knalle mit seiner großen Peitsche. Aber das hinderte mich nicht daran, tief und fest zu schlafen. Als ich erwachte, waren im Saal Stimmen und Tellerklappern zu hören. Dann kam Siwers zu meiner Tür und rief mir fröhlich zu:

»Natalja Alexejewa! Schämen Sie sich! Sie haben verschlafen!«

Ich schämte mich wahrhaftig – ich schämte mich, zu ihm zu gehen, schämte mich, daß ich ihn abweisen würde – das wußte ich nun gewiß –, und während ich mich eilig ankleidete und mein blasses Gesicht im Spiegel betrachtete, gab ich scherzhaft und freundlich etwas zur Antwort, aber so leise, daß er es wahrscheinlich gar nicht hörte.

Die Nadeschda

Erinnerst du dich an einen der letzten Urlaubstage, als wir im vergangenen Jahr am Meer waren? Es liegt ein besonderer Zauber in diesen grauen und kühlen herbstlichen Tagen, wenn man aus der Stadt auf die Datscha zurückkehrt und lediglich Lastkutschern begegnet, die mit Möbeln säumiger Datschniki beladen sind. Die Septemberschauer sind vorbei, die schmalen Wege zwischen den Gärten werden morastig, die Gärten gelblich und licht, und bis zum Frühling sind sie nun allein mit dem Meer ... Entlang der Schmalspurbahn, die fünfzehn Werst zwischen den Zäunen und Gittern der Gärten verläuft, sieht man nur geschlossene Obststände, Buden, an denen im Sommer Wasser verkauft wurde, und verlassene Zeitungskioske. Auf dem ganzen Weg, von den teuren Villen im italienischen und griechischen Stil bis hin zu den mit Kalk geweißten Häuschen an der entlegenen, steinigen Küste, sieht man immer wieder offene Balkone, mit langen, trockenen Girlanden wilden Weins umwunden, geschlossene Fensterläden, fest verrammelte Türen und mit Bastmatten umwickelte empfindliche Südpflanzen. Je weiter weg von der Stadt, desto stiller und menschenleerer wird es. Der Dampfzug verkehrt seltener, und seine energischen Pfiffe an den Haltestellen schallen weithin durch die klare Luft. Man schreitet über den Weg zwischen den Gärten und horcht ... Gerade eben hat der Zug wieder irgendwo angehalten und zweimal klagend und laut gerufen, aber wo, nahebei oder weit weg, kann man nicht erkennen. Der Pfiff hört sich an wie ein Echo, das Echo wie ein Pfiff, aber das eine wie das andere ist verhallt, nachgelassen hat der dumpfe, sich entfernende Lärm hinter den Gärten – und wieder herrscht vollkommene Stille, die durch nichts gestört wird. Gemächlich schreitet man über die Eisenbahnschwellen, das Herz schlägt gleichmäßig, es ist leicht und wohltuend, so zu gehen und die herbstliche Kühle zu atmen … Könnte man doch bis zum Frühling hier auf der Datscha bleiben, nachts dem Rauschen des im Dunkeln tosenden Meeres lauschen, ganze Tage lang die Steilküsten entlangstreifen! Die Phantasie gaukelt mir das Bild einer einsamen Frau vor, auf der Terrasse einer winterlichen Villa, eine lange, kiesbestreute Pappelallee mit Ausblick auf das Meeresblau lädt uns ein, durch ihr Tor zu treten …

Wir warfen häufig einen Blick in diese Alleen, freuten uns an den alten Marmorstatuen zwischen Blumenbeeten und Bäumen – billige Imitationen klassischer Marmorstatuen von Göttern und Göttinnen –, an ihrer matten Weiße zwischen den grünen Eiben, an den kleinen gelben Blättern, die die Gartenwege und die Balkonstufen bedeckten. Der Tag war grau und still – ein kühler Oktobertag im Ton von Puvis de Chavannes –, in der kühlen, erfrischenden Luft roch es nach Meer und welkenden Blumenbeeten. Das Meer blickte bald hier, bald dort durch Sträucher und Bäume, es erfüllte die ganze Gegend mit seiner Anwesenheit, seine Freiheit und sein Atem waren allezeit und überall spürbar. Während wir uns immer weiter von der

Stadt entfernten, schmiedeten wir undurchführbare Reisepläne und verbanden damit die Träume von jener versunkenen, unerfüllbaren Liebe, die, so schien es, in dieser Stille und Kühle um uns herum ausgegossen war, in dieser Meeresluft und in der sanften, vielfältigen Schönheit der zarten, violetten Töne des Himmels und der herbstlichen Gärten. Erinnerst du dich an die Marmornymphe in einem großen, verwilderten Park, die in einer lässigen, weiblichen Pose auf dem Steinblock in einem Springbrunnen saß? Im Sommer, als der Park schattig und schwül war, als Sonnenflecken die Nymphe mit goldenem Regen besprühten, sprudelten auf allen Seiten kühle, reine Quellen aus dem Stein, und mit geneigtem Kopf schien die Nymphe ihrem unaufhörlichen Gemurmel zu lauschen. Nun war es verstummt, in den Gärten war es kühl und still, und durch die Zwergakazien, durch die Zweige der kahlen Pappeln und das Gebüsch von der Farbe trockener Erde spürte man ungehindert die Weite der Meeresküste … Warum sind unerfüllbare Hoffnungen so schön? Warum dieser ewige Traum von Schönheit, von Liebe, vereint mit der ganzen Welt, vom Glück, das wir allein deshalb schon nicht erlangen können, weil unser Aufenthalt auf der Erde von so kurzer Dauer ist?

Während wir unsere Gedanken austauschten, gingen wir weiter, und das luftig-blaue Meer öffnete sich immer weiter, bald hier, bald dort hinter den Bäumen und den roten Ziegeldächern der Datschen an der Steilküste. Und gerade in dem Moment, als wir die Stelle erreichten, wo es eine halbe Werst lang keine Gärten und Datschen gibt, wo man immer unvermittelt stehenbleibt, überwältigt von der Weite des Meeres, erblickten wir fast an der Linie des Horizonts die Segel der *Nadeschda*.

Es wurde schon Abend, und in den stillen grauen Wolken, die in langen Strängen den Himmel überzogen, tauchten orangefarbene Schattierungen auf – ein Zeichen dafür, daß es kälter wird. Zum Horizont hin war es heller, und die Kühle nach dem Regen hatte die Luft ohnehin gereinigt und die Ferne ungewöhnlich geweitet. Das Meer lag windstill, und es erstreckte sich als eine unendliche Fläche von zartgrünem, stellenweise fliederfarbenem Stahl, die in einem kühnen, freien Halbkreis in der Ferne die Himmel berührte. Unten, der gewundenen Linie der Buchten nach, war das grüne Wasser so durchsichtig, daß man sogar von der Steilküste aus die dunkelvioletten Rücken der Steine unter Wasser erkennen konnte; etwas weiter draußen wurde die Wasseroberfläche von dem leichten Wind, der aufgezogen war und frischen Meeresduft zu uns herantrug, knittrig wie Seidenstoff, und noch weiter draußen lief die stille Weite des Meeres in langen, fein gezeichneten Bändern von Strömungen und Schattierungen zum Horizont. Dort verloren sie sich – es schien, als würden hinter dem Horizont wieder stille, zartgrüne Wasserfelder beginnen; doch dort, wo die *Nadeschda* war, musste wohl eine gleichmäßige, günstige Brise wehen. In der Ferne kleiner wirkend, lag die *Nadeschda* mit ihren gesetzten Segeln wie ein märchenhafter schwimmender Glockenturm grauschimmernd auf der schwankenden Grenze, wo das Meer den Himmel berührte. Sie war allein und betonte diese glatte Weite und erweckte mit ihren Segeln die ganze Fülle der Poesie des alten Meeres zum Leben. Selbst von der Küste aus war jetzt ungeachtet der für das Auge gewaltigen Distanz zu erkennen, was für ein herrliches, mächtiges Schiff sie war, elegant und stolz wie eine königliche Brigg. Im Sommer war sie aus Australien zurückgekehrt, und wir hatten sie begrüßt wie einen Freund, sie betrachtet wie ein Lebewesen. Wie viele Länder und Meere hatte sie gesehen, wie viele Ozeanwellen hatten ihre spitze hohe Brust umspült! Der Hafen war übervoll mit Schiffen, doch es waren allesamt schwerfällige, klobige Dampfschiffe, die aus schwarzen, niedrigen Schornsteinen qualmten, die Dachziegel, Eisen, Getreide und Ölfässer geladen hatten und tagelang mit ihren Seilwinden rasselten. Sie kannten nur ihre Fracht, auf der *Nadeschda* hingegen absolvierten junge Seeleute ihre Lehr- und Wanderjahre; und wie sehr hob sich die leichte, freie *Nadeschda* in dieser schwimmenden Stadt aus Schiffen ab, als sie unter sechs Reihen Segel in den Hafen einlief! Jetzt verließ sie uns wieder … Und all das, wovon wir so jugendlich träumten, als wir von der Mole auf das Meer blickten, das uns hinter seinen schwankenden Horizonten immer etwas zu versprechen schien, all das, wodurch das Meer uns bewegte an diesem Herbsttag in der Stille der verlassenen Datscha-Gärten, all das packte uns beim Anblick der fernen *Nadeschda* mit außerordentlicher Macht.

Als sie den Horizont berührte, hob sie sich ganz deutlich ab und stand gleichsam still, um dann unmerklich kleiner zu werden, so daß nur ein scharfes Auge es wahrnehmen konnte. Worauf hielt sie Kurs? Nach Süden, zum Bosporus, zum Mittelmeer … Morgen werden sich lieblichere Weiten vor ihr auftun, neue Ufer zartblau schimmern … Violettgrau, schlank und majestätisch schön, einsam an der letzten Grenze der gewaltigen, grünlich-stählernen Fläche des Meeres, entfernte sie sich unmerklich, aber unablässig. Schon entfalteten sich vor denjenigen, die an Bord waren, neue Horizonte. Während wir die *Nadeschda* ansahen, spürten wir selbst diese Horizonte. Wir waren gleichsam selbst an Bord, sahen das Neue, Verlockende, das jede Ferne verspricht, so wie vielleicht unsere Nachfahren mit eigenen Augen alles sehen werden, was wir nur ahnen und was uns bewegt durch unerfüllbare Hoffnungen, durch das Gefühl der Schönheit des Lebens und durch die Träume darüber, wie glücklich die Menschen der Zukunft sein werden …

Spät in der Nacht, als der aufkommende Wind rastlos und vorsichtig, als suche er etwas, mit den trockenen Zweigen des wilden Weins auf unserem Balkon raschelte, begleitete ich die *Nadeschda* in Gedanken auf ihrem Weg durch das dunkle Meer. Der Tag verging mit den Sorgen und Dingen des Alltags, aber den ganzen Tag über schien mir, ich hätte nachts einen traurigen, poetischen Traum gehabt. Die *Nadeschda* war jetzt schon weit weg. Aber wie schön es war, ihr wenigstens in Gedanken zu folgen!

Der Traum von Oblomows Enkel

Ilja ist neun Jahre alt. Er trägt eine Gymnasiastenmütze, ein braunseidenes Russenhemd und bockslederne Stiefelchen mit einem Saffianrand am Schaft. Er sitzt hinter dem Vater in der Reitdroschke, die Droschke rollt munter die Landstraße entlang, ringsum sind Felder, es ist ein heißer Sommermorgen …

Man hatte die alte Don-Stute beinahe schon im Morgengrauen zum Vorbau gebracht. Aber herrje, wie oft war Ilja zum Vater ins Kabinett gelaufen, in der vergeblichen Hoffnung, das Gespräch mit dem Starosta sei nun beendet! Das taubenetzte Gras im Schatten des Speichers war schon trocken, und im Garten stieg der Duft des starr in der prallen Sonne stehenden Faulbeerbaums auf … Selbst die Stute döste vor Langeweile allmählich ein: Sie hatte das linke Hinterbein leicht eingeknickt, ein Ohr angelegt und die Augen halb geschlossen …

Doch alles hat einmal ein Ende – und so nahm auch die Folter des Wartens ein Ende. Ilja klammert sich an das lederne Polsterkissen der Sitzbank, die Füße hoch auf die Hinterachse gestellt, mit der Stirn beinahe die Gewehrläufe auf dem Rücken des Vaters berührend, und sieht das Flirren der in der Sonne glitzernden Speichen, im Staub neben ihnen die weiße, rötlich gefleckte Dschalma rennen, sieht ganz nah den sonnenverbrannten Hals und den breiten Nacken unter der weißen Schirmmütze ... Die Sonne steht hoch und brennt stark, das Leder der Droschke ist heiß geworden – es riecht angenehm nach warmem Leder und Wagenschmiere. Stikkiger, dichter Staub erhebt sich als Wolke von den Rädern, die Segeltuchjacke über den Schultern des Vaters wird dunkel ... Aber da ist auch schon der Feldweg – der Feldrain, der sich als langer, schmaler Korridor zwischen den Wänden des hohen, graugrünen Roggens verliert. Der Vater zügelt das Pferd, zündet seine Pfeife an und bläst eine duftende Rauchwolke über die Schulter ...

Ach, diese Feldwege! Lustig ist es, den tiefen Fahrrinnen zu folgen, die von jungem Gras, von Ackerwinde und gelben, langstieligen Blumen überwuchert sind. Weder vorn noch zur Seite hin kann man etwas sehen – da ist nur der endlose, sich in der Ferne verengende Korridor zwischen den Wänden des üppigen Ährendickichts, und der Himmel, und hoch am Himmel die heiße, strahlende Sonne. Dunkelblaue Kornblumen, lila Kornrade und gelbes Barbarakraut blühen im Roggen. Wenn die Droschke über die Kornähren fährt, die hier und da auf dem Weg wachsen, neigen diese sich allesamt unter den Rädern und kommen schwarz, von Wagenfett verschmiert wieder darunter hervor. Winzige Grashüpfer prasseln unaufhörlich aus dem Wegerich wie trockener Regen ... Unvermittelt kommt von irgendwo her ein leichter Windzug, Sonnenwärme ... Der Vater zieht die Zügel straff ... Und wieder flirren die Speichen, drehen sich vor den Augen die bunten Kränze der Blumen, die sich um die Radnabe gewickelt haben, hüpft die Droschke über den holprigen Weg … Hier muß man sich richtig festhalten, aber wenn man sich mit beiden Händen an den Sitz klammert, kann man trotzdem genau verfolgen, wie die glänzenden, graugrünen Wogen einem entgegenlaufen, wie der Schatten eines Wölkchens sie bald hier, bald dort für einen Augenblick verdunkelt, wie Dschalma ganz außer sich mit flatternden Ohren hinter Wachteln und Lerchen herstürmt: Manchmal verschwindet sie ganz im Roggen – nur an der Wellenlinie, die hinter ihr herströmt, kann man erkennen, wo sie ist –, und manchmal springt sie hoch aus den Ähren hervor und blickt verwundert um sich.

Hin und wieder begegneten sie einem Wagen, darin ein Weib mit einem weißblonden Knaben auf dem Schoß, die unbeholfen an dem Strick zog, der als Zügel diente, unbeholfen zur Seite auswich und dabei in den Roggen hineinfuhr, während das kräftige Pferdchen mit den Lippen gierig nach den Ähren schnappte … Einmal kam ihnen ein Bauer entgegen: Ohne Mütze hockte er auf der Seitenstange des Wagens, neben einem langen, schmalen kleinen Sarg aus goldgelben Brettern, und die fröhliche, strahlende Sonne brannte heiß auf seinen zottigen Kopf … Sie trafen den Landpolizisten auf einem mageren, langhalsigen Klepper und den bärtigen, mächtigen Vater Alexej, der einen breitkrempigen Hut trug und hoch oben auf seinem Wagen thronte, hinter dem ein mausgraues Fohlen auf langen, staksigen Beinchen herlief … All das verdarb ihm den Spaß: Wollte er sich doch unbedingt in einer völlig menschenleeren Gegend wähnen! Aber manchmal war es noch schlimmer: Dann tauchte in der Ferne eine Kutsche auf, in der Kutsche saß ein sonnenverbrannter Gutsbesitzer in Kragenmantel und vornehmer Schirmmütze und mit verwundert aufgesperrten Augen. Beim Anblick seines Nachbarn wunderte er sich noch mehr, er sperrte die Augen noch weiter auf und breitete die Arme aus, und sein Kutscher, angetan mit einer Samtweste und einer runden, mit Pfauenfedern verbrämten Kinderkappe, hielt die Trojka an. Auch der Vater brachte das Pferd zum Stehen, kletterte von der Droschke herunter und ging dem mittlerweile ausgestiegenen Dickwanst entgegen – und ein endloses Gespräch nahm seinen Lauf. Der Gutsbesitzer redet furchtbar laut, fuchtelt mit den Armen und schimpft in einem fort auf irgend jemanden … Dann muß er ausgiebig, mit qualvollem Vergnügen und am ganzen Körper bebend, über etwas lachen … Der Vater redet ebenfalls laut und lacht …

»Alsdann, auf Wiedersehen, auf Wiedersehen!« sagt er endlich, wenn er genug gelacht hat.

»Auf Wiedersehen, mein Bester, ich habe mich sehr gefreut, Sie zu sehen!«

»Meine Verehrung Ihrer Familie!«

»Bitte auch einen herzlichen Gruß an die Ihren!«

»Kommen Sie am achtzehnten?«

»Ganz sicher, ganz sicher!«

Der Gutsbesitzer steigt auf das Trittbrett seiner Kutsche, so daß sie sich zur Seite neigt, und setzt sich mit

Mühe hinein … Aber noch ist keine Minute vergangen, als von hinten schon wieder ein Ruf erklingt:

»Herr Nachbar! Auf einen Moment!«

Und wieder ein Halt, wieder Gespräche …

Dschalma sitzt erschöpft, aber glücklich nach ihren Anstrengungen neben den Rädern der Droschke, sie hechelt und schnappt hin und wieder mit ihren Zähnen nach Fliegen. Am Himmel krausen sich weiße Wolken und glänzen, allenthalben ist so viel Licht und Freude, wie es nur im Juni vorkommt, und immer regungsloser wird die Luft gegen Mittag. Wie zwei Rosenblätter flattern zwei gelbe Schmetterlinge lautlos und eintönig über den reglos geneigten Ähren, über den von der Sonne durchglühten Blumen und Gräsern. Es duftet süß nach Kornblumen. Gegen die Sonne blinzelnd beobachtet Ilja benommen eine Wolke, die aussieht wie ein Pudel und im strahlenden Sonnenglanz des dunkelblauen Himmels dahinschwebend allmählich zerrinnt, er lauscht auf das heisere Schnarren der Grashüpfer, während über seinem Kopf auf tausenderlei Art in klagendem Diskant die Luftmusik der Insekten erklingt, die unermüdlich die in der dunstigen Gluthitze zerfließenden Weiten, die Freude und das Licht der Sonne, die grundlose, göttliche Lebensfreude besingen …

»Bist du eingeschlafen?« erklingt plötzlich eine muntere Stimme.

Der Vater hat sich ausgeschwatzt und treibt das Pferd zur Eile, die Droschke läuft wie von allein den abschüssigen Weg hinunter in ein breites, flaches Tal zwischen den Hügeln der Steppe. Dahinter folgt ein langer Anstieg zu einem sanft geneigten, mit grünem Hafer übersäten Berg, von dem aus sich der Blick auf ein neues, noch breiteres und ausladenderes Tal öffnet. Hier gibt es sumpfige Auen, und das seichte Steppenflüßchen, das sich hindurchschlängelt, bildet viele breite Buchten, dicht bewachsen mit grünen Binsenborsten. Da der Horizont auf allen Seiten von diesen Berghängen, die aussehen wie Roggenbrote, begrenzt ist, ist es hier sehr still, doch was für ein liebliches, eigenartiges Leben – das Leben von Schnepfen, Bekassen und wilden Krickenten – spürt man in der Stille und Abgeschiedenheit dieser seichten Buchten!

»Halt dich fest!« ruft der Vater durch das Rattern der hügelabwärts rollenden Droschke.

Auf einmal bricht das Rattern jäh ab.

Am Fuße des Hügels legt sich der Wind. Die Sonne brennt, die Räder rascheln im dichten, wassergetränkten Gras. Es riecht süßlich nach warmem Schlick und warmen Binsen, eine Möwe, weiß wie Schnee, schwingt sich unvermittelt aus den moosigen Hügeln empor und glänzt in der Luft mit ihren spitzen Flügeln … Da ist auch der Sumpf, silbrig spiegelndes Stillwasser mit kleinen Inseln von feinblättrigem Riedgras.

Ohne es aus den Augen zu lassen, übergibt der Vater Ilja die Zügel, klettert vorsichtig von der Droschke herunter, streift das Gewehr ab und geht rasch, aber lautlos darauf zu.

»Dschalma!« sagt er streng, kurz und leise, in einem besonderen, ganz bestimmten Ton zu Dschalma, die mit hängender Zunge von einem Mooshügel zum anderen springt. Seine langen Stiefel versinken im weichen Moos, in seinen Spuren, die sich im samtigen, feuchten Gras eindrücken, bleiben silbrige Blasen zurück … Von der Sonne und dem glitzernden Wasser ist es so hell, daß es schmerzt hinzusehen …

»Dschalma!«

Dschalma stürzt sich mit einem kurzen Blick zurück abrupt – platsch! – ins Wasser und schwimmt, die Kühle auskostend, durch die kleine Bucht zum Röhricht. Aus dem Wasser ist nur ihr vorgestreckter, glatter Kopf mit den herabhängenden Ohren und ihr langer Schwanz zu sehen, der hinter ihr schwimmt, als gehöre er nicht zu ihr, wie ein Stock. Dann biegen Kopf und Schwanz ins Röhricht ein, der Vater steigt bis zum Knie ins Wasser und versteckt sich ebenfalls dort. Zehn, zwanzig Minuten angespannten Schweigens vergehen … Irgendwo weit weg erklingt ein schwerer, dumpfer Schuß … Ilja zuckt zusammen und blickt angespannt nach vorn, doch hinter dem Röhricht ist nichts zu erkennen. Darin ziept und gluckst etwas leise; in dem breiten Sumpfloch nicht weit von der Droschke schwimmt mit graziösem Schlängeln eine Natter vorbei; blauschillernde Libellen entfalten knisternd ihre langen, gläsernen Flügelchen, wenn sie aus dem heißen Gras auffliegen, und hoch am Himmel zieht gemächlich eine große, schneeweiße Wolke auf, die sich immer mehr ausbreitet … Jetzt hat sie die

Gestalt eines Riesen aus dem Märchen, und aus der seichten Bucht, in der das Abbild dieses Riesen grell widerscheint und Tiefe erzeugt, dringt ein dumpfes, düster klagendes Geheul … Einmal, und dann verstummt es abwartend …

»Meergrundel!« fällt Ilja das rätselhafte Wort ein, das der Vater einmal hat fallenlassen, und er erstarrt vor süßem Schauer.

Die Phantasie bringt im Nu das Bild eines Fabelwesens hervor, das Bild von einem jener schrecklichen Unterwasserbewohner, die sich tief in den Sümpfen verbergen und nur hin und wieder ihren Kopf mit der hohen Stirn, den Hörnern und den hervorquellenden Augen ans Tageslicht heben. Wenn nun ausgerechnet jetzt, um diese lautlose, glutheiße Mittagsstunde, so eine Meergrundel herausspähen würde? Ilja schielt zur Bucht hinüber und bemerkt gar nicht, daß seine Schirmmütze in den Nacken gerutscht ist, daß die Mükken an seinem schweißnassen Hals und den Händen kleben und die blendendheiße Sonne ihm direkt ins Gesicht brennt …

Plötzlich ertönt ein Husten. Ilja zuckt zusammen und kehrt augenblicklich in die Wirklichkeit zurück. Da kommt der Vater, naß bis zum Gürtel und in seinen schweren, mit Brackwasser gefüllten Stiefeln patschend …

»Hier gibt es … Meergrundeln«, sagt Ilja zögernd.

»Na und?«

»Sind die sehr groß?«

»Wer? Meergrundeln? Aber das sind doch kleine Käfer! Wasserkäfer!«

»Wie – Käfer?« stammelt Ilja, verdutzt und enttäuscht.

Der Vater ist rot im Gesicht und hat den Hemdkragen aufgeknöpft, er hat eine gutmütige, muntere Miene. Während er auf die Droschke zukommt, wirft er Ilja eine erlegte Krickente zu, und Ilja hat die Meergrundeln im Nu vergessen und fängt die Ente begierig im Flug auf. Die Krickente ist noch warm! Das Köpfchen mit den gebrochenen, von einem fahlweißen Film überzogenen Augen fällt kraftlos auf den rosigen kleinen Kropf, das Bäuchlein ist beschmiert mit geronnenem Blut … Aber wie prächtig es nach Schlick und Pulver riecht! Auch Dschalma kommt vergnügt und zufrieden aus dem Riedgras gekrochen. Mit wildem Blick, von der langen roten Zunge tropft Speichel, das weiße Atlasfell liegt glatt am Körper, die Ohren hängen herab, die Beine sind voller Schlamm – als habe sie schwarze Socken an …

Die feuchten, glänzenden Reifen der Räder rascheln wieder im samtigen, saftigen Gras, und wenn sie hier und da durch Wasser fahren, spritzen lange, helle Fontänen nach allen Seiten. Die Pfützen, in denen der heiße Sonnenglanz mit goldenen Bändern bald hier, bald dort aufflackert, flirren vor den Augen. Aus den Binsen steigen mit klagendem Gewimmer immer wieder Schnepfen auf … Dann bricht der weiche, moosige Boden plötzlich ab, und die Droschke rattert wieder auf dem ansteigenden Weg … Doch Ilja bemerkt all das kaum.

Ach, wenn er groß ist, wird er der glücklichste Mensch der Welt sein! Er wird sich auf dem Vorwerk niederlassen, wird nur von der Jagd leben, sein Gewehr jeden Tag mit gemahlenem Ziegelstein putzen und auswaschen, er wird sich Grützbrei kochen und direkt beim Nebengebäude schlafen, auf einer Filzmatte, und aufwachen, wenn das grün-silbrige Morgengrauen eben erst anbricht …

Aber auch jetzt ist es wunderbar. Ilja atmet den reinen Wind über den Feldern, er lauscht den Haubenlerchen, die über den Feldern, in den Wolken, in der unendlichen Weite singen … Ringsum Steppe, wohin man auch schaut, grüne, ebene, freie Steppe. Und keine Menschenseele in der Steppe, kein Strauch, kein Baum – nur in der Ferne schwenkt eine Windmühle ihre Flügel wie ein Ertrinkender seine Arme …

Ein Traum, ein Traum!

Am Ursprung der Tage

I

Im Nebel meiner Vergangenheit gibt es einen fernen Tag, an den ich mich besonders häufig erinnere.

Ich sehe ein großes Zimmer in einem Holzhaus auf einem Vorwerk in Zentralrußland.

Das eine Fenster in diesem Zimmer geht nach Süden, zur Sonne, die beiden anderen nach Westen, in den Kirschgarten.

Am Fensterpfeiler steht ein altertümlicher Toilettentisch aus Mahagoni, und am Boden daneben sitzt ein Junge von drei oder vier Jahren.

Er ist allein im Zimmer und fühlt sich außerordentlich glücklich.

Draußen ist es trocken, das freundliche Ende eines Augustmonats in der Steppe, und das Sonnenlicht fällt durch das nach Süden gehende Fenster schräg herein fast bis zu der Stelle, wo der Junge auf dem Boden sitzt.

Er hat das Türchen am Sockel des Toilettentischs geöffnet, riecht den säuerlichen Geruch von altertümlichem Parfum und legt auf der polierten Ablage sorgfältig mehrere Blätter dunkelblauen Stempelpapiers aus.

Es macht nichts, daß diese Blätter mit großen, unverständlichen Schnörkeln übersät sind, daß man sie nicht zerreißen und nicht besudeln darf: Es ist allein schon eine Freude, daß man sie besitzt, daß es viele sind und daß man sie in diesem Schränkchen auslegen kann, das einem von heute an gehören wird.

Denn das hatte man gesagt:

»Dieses Schränkchen gehört von heute an dir.«

Und damit der Junge etwas zum Hineinlegen hatte, schenkte man ihm einen großen Stapel dunkelblauen Papiers mit schönen zweiköpfigen Vögeln darauf. Eine Menge anderer Dinge wird sich noch ansammeln, wie Döschen oder geschliffene Flakons, die auf dem Toilettentisch stehen. Und das alles wird hier in dem Schränkchen aufbewahrt werden.

Doch alles auf Erden hat bekanntlich einmal ein Ende: Die Blätter sind bereits einige Male auf der Ablage hin und her geschoben worden, die Ordnung, in der sie zu liegen haben, ist wohlüberlegt, nun bleibt nur noch, das Schränkchen zu schließen, es mit dem angenehmen Gefühl von Besitz zu betrachten – und sich mit etwas anderem zu beschäftigen.

Nur womit?

Der Junge steht neben dem Toilettentisch und blickt umher.

O weh, das einfache, ländliche Zimmer mit den nackten Balkenwänden ist beinahe völlig leer: nur Stühle, ein großes Bett und die Augustsonne, die schräg auf den unlackierten Boden scheint.

Es ist angenehm, ans Fenster zu gehen, die Wärme des Sonnenlichts zu spüren, das Gesicht an die Scheibe zu pressen und die Nase plattzudrücken … Sehr verlokkend ist auch das Spinngewebe, ein zartes, achteckiges Netz in der oberen Ecke des Fensters … Aber erstens könnte man nicht so weit hinauflangen, selbst wenn man einen Stuhl ans Fenster rücken würde, und zweitens könnte die große, graue Spinne auf ihren hohen, dünnen Beinchen aus dem Spalt in der Ecke gelaufen kommen.

Der Junge hat den Blick erhoben und verspürt einen süßen Schauer beim Gedanken an die geheimnisvolle Herrin des Spinngewebes, deren Namen er mit einem Lispeln ausspricht, Ss-pinne, und die so erbost aus ihrem Spalt hervorspringt, wenn sich eine Fliege in ihrem Netz verfängt.

Schön ist es, dann ihren Untergang zu beobachten!

Kläglich und lange jammert sie in der Stille des leeren Zimmers, als rufe sie um Hilfe … Aber es kommt keine Hilfe, und die Zeit verfließt unter ihrer eintönigen Klage in vollkommener Ungewißheit, was weiter geschieht … Und plötzlich springt sie, diese dunkelgraue, garstige Spinne, aus dem Spalt hervor, läuft flink über das Spinngewebe … packt die Fliege mit ihren Beinen, bleibt mit ihr zusammen zunächst starr auf der Stelle und schleppt sie schließlich, wenn sie schlaff und still geworden ist, in ihre Behausung …

Was ist das für eine Behausung? Was macht die Bewohnerin darin, was tut sie dort?

Aus Versehen fällt der Blick des Jungen in diesem Moment auf den Spiegel.

II

Ich erinnere mich gut, wie mich der Spiegel verblüffte.

Mit ihm beginnen verworrene, unzusammenhängende Erinnerungen an meine frühe Kindheit. Wie im Traum lebe ich darin. Und das ist er, der erste Traum am Ursprung meiner Tage.

Früher ist nichts: Leere, Nichtexistenz.

Mein Herz, mein Verstand konnten sich nie und können sich auch heute nicht mit dieser Leere abfinden. Doch ich füge mich dem Unausweichlichen und nehme als Anfang meines Seins diesen Augusttag, dieses dunkelblaue Stempelpapier mit den Adlern, diese stille, unaussprechliche Freude, die sie mir gaben – und den Spiegel.

Zwischen den beiden Stützsäulen des Toilettentischs, in einem schweren, verschnörkelten Rahmen, hing etwas Helles, Glänzendes, Schönes – und Unbegreifliches. Ich hatte es auch früher schon gesehen. Hatte auch die Spiegelbilder darin gesehen. Doch in Erstaunen versetzte er mich erst jetzt, als meine Wahrnehmungen plötzlich durch den ersten klaren Schimmer von Bewußtsein erhellt wurden, als ich mich teilte in den, der wahrnahm, und den, der sich seiner bewußt war. Und alles, was mich umgab, veränderte sich auf einmal, wurde lebendig, erhielt sein eigenes Antlitz voller Rätselhaftigkeiten.

Ich warf einen Blick in dieses Helle, Glänzende, das leicht geneigt zwischen den Spiegelstützen des Toilettentischs hing, und sah dort ein anderes Zimmer, vollkommen identisch mit dem, in dem ich mich befand, nur verlockender und schöner, ich sah mich selbst – und zum ersten Mal im Leben war ich erstaunt und fasziniert.

Entzückt sah ich mich um … Ja, zweifellos, im Spiegel war alles das, was auch hier war, um mich herum – die Wände, die Stühle, der Boden, das Sonnenlicht, der Junge, der mitten im Zimmer stand … Wir waren zwei, die einander verwundert ansahen! Da schloß einer von uns plötzlich die Augen – und alles verschwand: Nur helle Flecken waren noch da, die im Dunkeln umherwirbelten … Dann schlug er die Augen auf – und sah von neuem alles das, was er schon gesehen hatte … Aber ist es nicht seltsam, daß das Zimmer im Spiegel kippt, auf mich herabstürzt?

Zaghaft näherte ich mich dem Spiegel, berührte mit der Hand den unteren Rand des Rahmens und stupste ihn an.

Der Spiegel blitzte auf und stieß gegen die Wand, und der schräge Boden, der sich darin spiegelte, wurde noch schräger. Nun kippte das ganze Zimmer mir entgegen, auch der Junge mir gegenüber kippte, das Bett und die Stühle … Fasziniert und entzückt betrachtete ich ausgiebig jenes Wunderbare und Neue, was sich mir so unerwartet eröffnet hatte, und ich zog den Rahmen zu mir heran. Der Spiegel blitzte auf, kippte nach hinten – und alles verschwand … Ausgerechnet in dem Moment schlug jemand mit der Tür, ich zuckte zusammen und schrie vor Angst laut auf.

III

Was geschah dann?

Ich habe viele Male versucht, mir wenigstens noch etwas mehr in Erinnerung zu rufen; doch das ist mir nie gelungen.

Wenn ich mich erinnern wollte, kam ich schnell ins Erfinden, ins Schöpferische, denn auch meine Erinnerungen an diesen Tag sind nicht realer als Schöpfertum.

Sicher erinnere ich mich nur an eines: Der Spiegel verblüffte mich an genau diesem Tag. Ich mußte sein Geheimnis ergründen, koste es, was es wolle.

Aber wie?

O, es gab viele Tricks und Schliche!

Sie, diese Schliche, endeten immer mit einem Mißerfolg. Wenn ich darüber hinweggekommen war, vergaß ich den Spiegel natürlich. Aber dann war ich wieder allein mit ihm – und wieder erprobte ich seine Macht über mich.

Ich liebte dieses Eckzimmer, wenn es leer war. Ich ging hinein, schloß die Tür hinter mir – und sofort trat ich ein in ein besonderes, magisches Leben. Es war so leise, daß jeder Ton der zarten, traurigen Klage der im Spinngewebe sterbenden Fliege zu hören war!

Ich hielt den Atem an, und zusammen mit mir schien auch das Zimmer auf etwas zu warten.

Der Junge, der in dem gespiegelten Zimmer vor mir stand, war jetzt größer, entschlossener, kühner als jener, der an dem hellen Augusttag vor einigen Jahren darin gestanden hatte. Doch das gespiegelte Zimmer war noch genauso faszinierend und verlockend ... hundertmal verlockender als das, in dem ich mich befand! Und schön war es, sich immer von neuem dem unerfüllbaren Traum hinzugeben, einmal in diesem gespiegelten Zimmer zu leben!

Aber existierte es auch dann, wenn ich es nicht beachtete?

Um das zu erfahren, war zunächst ein Täuschungsmanöver vonnöten.

Ich setzte also eine ungerührte Miene auf, ging vom Spiegel weg, blickte mit gespieltem Gleichmut aus dem Fenster – und drehte mich plötzlich zum Toilettentisch um ...

Nein, es war alles wie vorher!

Vielleicht müßte ich mich in den Sessel gegenüber dem Spiegel setzen? Die Augen schließen und mich schlafend stellen ... Und sie dann mit einem Mal aufschlagen ...

Leider löste sich auch diese List in Wohlgefallen auf!

Blieb noch eines: die Wimpern einen winzigen Spaltbreit öffnen – so wenig, daß niemand auf die Idee käme, ich hätte die Augen auf ...

Aber wie schwer das ist!

Die Wimpern flattern, die Augen schmerzen, und das Ergebnis ist immer das gleiche: Entweder man sieht überhaupt nichts, oder man sieht alles, wenn auch schwach!

Viele Male rückte ich unter großen Anstrengungen die schweren Stützen, zwischen denen der Spiegel hing, beiseite und lugte zwischen den Spiegel und die Wand. Aber dort, eben dort, wo sich des Rätsels Lösung hätte finden müssen, war nichts zu sehen, nichts außer den Balken auf der einen Seite und den rauhen Holztäfelchen, mit denen der Spiegel beschlagen war, auf der anderen!

Also verbarg sich etwas dahinter, hinter diesen Holztäfelchen?

Hinter diesen Holztäfelchen, so sagte man mir, war nichts als mit Quecksilber bestrichenes Glas. Ja, aber was war denn Quecksilber? Quecksilber war auch etwas Phantastisches. Wenn man dieses Quecksilber zum Backen ins Brot gab, fing das Brot im Backofen plötzlich an zu hüpfen! Vor allem aber: Warum hatte man dieses Etwas, das mit Quecksilber bestrichen war und Spiegel genannt wurde, so eilig mit schwarzem Kaliko verhüllt, sobald Nadja gestorben war?

In jener furchtbaren Nacht, als sich etwas Unsagbares im Hause ereignete, das das ganze Haus zunächst mit einem geheimnisvollen Durcheinander und erschrockenen Stimmen und dann mit den leidenschaftlichen Schreien der Mutter erfüllt hatte, hatte man den Spiegel mit schwarzem Kaliko verhängt.

Ich schlief im Eckzimmer in dem breiten Bett und sprang hell entsetzt auf die Knie, als diese Schreie die

Stille der Nacht durchschnitten. Dann kam die verweinte Njanja ins Zimmer gestürzt und warf ein Stück schwarzen Stoff über den Spiegel.

Und wie ein plötzlicher Wind das zitternde Laub am Baum durchfährt, durchfuhr meinen ganzen Körper ein Gedanke, eine Erkenntnis: Der Tod ist im Haus! Jenes Entsetzliche, dessen Name lautet – Geheimnis!

IV

Dieser Nacht waren schwere, traurige Tage vorangegangen. Es war ein Februar, der die Zimmer mit kärglichem Zwielicht erfüllte.

Das kleine Mädchen war schon seit langem krank, und diese Tage, dieses kärgliche Zwielicht und diese Stille, die herrschte, seit man in dem von süßlichem Medikamentengeruch erfüllten Kinderzimmer die Türen geschlossen und die Fenster mit dunklen Vorhängen abgedeckt hatte, schienen kein Ende zu nehmen.

In der Einöde, auf dem Vorwerk, verlassen und vergessen lebten wir damals: die Mutter, Nadja, die Njanja Darja, eine große, gebieterische Alte, ich und mein Erzieher – wenn man denn diesen merkwürdigen Menschen, der aussah wie Dante, so nennen konnte –, ein entwurzelter Mann ohne Familie, der seit vielen Jahren von einem kleinen Gutsbesitzer zum anderen zog, ihre Kinder unterrichtete und nirgends heimisch wurde.

Ich las langsam und mit Mühe, während er, dieser Dante, in einem alten, zu kurzen Gehrock und kurzen Hosen, unter denen derbe, braunrote Stiefel hervorstaken, das Zimmer von einer Ecke zur anderen durchmaß und nachdachte, wobei er seine Gedanken vor sich hin murmelte und von Zeit zu Zeit mit hämischem Vergnügen laut lachte.

Aber der Tod war schon unsichtbar unter uns, und nur die Schritte meines Erziehers und mein eintöniges Lesen störten die traurige Stille des Hauses. Ich las damals gerade über den Tod: das Lied von einem alten normannischen Baron, der in einem einsamen Gemach seines Schlosses in der stürmischen, dunklen Nacht von Christi Geburt im Sterben liegt. Und als der Tod schließlich kam – so fürchterlich, daß selbst die Hunde auf dem Hof heulten, als sie die Klagen im Haus vernahmen –, wurde auf der Stelle der schwarze Schleier auch über das geworfen, was auf irgendeine Weise teilhatte an seinem Geheimnis!

V

Ich schlief ein und verspürte eine quälende Schwermut.

Draußen herrschte schwarze Nacht, das Zimmer war schwach beleuchtet von einer Kerze, die neben dem Bett auf dem Boden stand.

Gewöhnlich schlief meine Mutter bei mir. Doch seit das kleine Mädchen krank war, kam nachts immer die

Njanja. Aber in dieser Nacht war nicht einmal sie da. Sie kam nur hin und wieder herein, holte etwas aus den Schubladen der Toilettentischs, flüsterte mir zu: »Schlaf, schlaf, ich komme gleich« – und ging wieder hinaus.

Und ich versuchte einzuschlafen.

Doch die Schwermut, das Vorgefühl von etwas, was sich jeden Moment ereignen mußte, weckten mich, sobald ich einschlummerte. Kaum war ich eingedöst, sprang ich mit klopfendem Herzen hoch und verspürte den leidenschaftlichen Wunsch, um Hilfe zu rufen.

Doch ich wagte nicht einmal zu rufen – so still war es im Haus und so eigentümlich glänzte der Spiegel, der leicht geneigt zwischen den Spiegelstützen des Toilettentischs hing und den schrägen Boden und die flakkernde, längliche Flamme der Kerze spiegelte, die neben dem Bett stand.

Und da …

Es erhob sich ein Lärm, erschrockene, hastige Stimmen waren zu hören, Türenknallen und darauf ein unterdrückter, entsetzlicher Schrei … Zutiefst erschüttert sprang ich auf, ich hockte mich auf die Knie, stocksteif, wollte auf diesen Schrei schon mit einem noch entsetzlicheren Schrei antworten, als sich die Tür öffnete und die Njanja, die den Boden mit ihrer Schwere zum Beben brachte, mit einem Stück schwarzen Kaliko in der Hand durch das Zimmer lief.

Dann wurde ich, der ich vor Entsetzen und Verblüffung zitterte, aus irgendeinem Grunde angekleidet, und mein Erzieher führte mich in das von einem blauen Ikonenlämpchen schwach erhellte Zimmer, wo auf einem Spieltisch eine mit einem Laken bedeckte Puppe im rosa Kleidchen lag …

Ich weiß noch, wie wir auf der Schwelle dieses Zimmers stehenblieben, uns bekreuzigten und vor der Ikonenecke, vor dem Lämpchen und vor dieser Puppe verneigten …

Ich weiß sogar noch, daß die fromme Demut, mit der mein Erzieher sich bedächtig bekreuzigte und verneigte, mir unnatürlich vorkam …

Es kam mir vor, als sei er betrunken: Das kam bei ihm öfter vor … Und davon wurde mir noch unheimlicher.

Aber er führte mich mit dem Eifer des Betrunkenen, der zeigen will, daß er ganz und gar nicht betrunken ist, sondern im Gegenteil bewußt, ernsthaft und ruhig alles das tut, was in einem derartigen Fall angebracht ist, an den Tisch, hob mich an den Schultern leicht hoch – und ich erblickte das blasse, leblose Gesichtchen und den trüben Glanz der toten, schleimigen Augen unter den nicht fest geschlossenen schwarzen Wimpern, die sich in der Blässe deutlich abzeichneten … Es lag etwas Abstoßendes darin!

Abstoßend und entsetzlich war auch der Traum, in den ich danach versank.

Bis heute spüre ich das ganze wirre, fiebrige Getümmel all der Menschen, die das Haus füllten und anfingen, hastig Tische, Stühle, Betten und Spiegel von einem Zimmer in das andere zu tragen und zu schieben, sobald ich die Augen schloß.

Das Mädchen wurde augenblicklich lebendig, obwohl sie gleichzeitig so rätselhaft und schweigsam blieb, wie sie auf dem Tisch war, und mischte sich hastig in das Getümmel, lief von einem Zimmer ins andere und war den Männern im Weg, die auf ihren Armen eilig Stühle umhertrugen und Spiegel, die mit schwarzem Kaliko bedeckt waren …

Wie konnte sie lebendig werden und gleichzeitig tot bleiben?

Wie konnte sie rennen und nicht hinfallen, wenn ihr Gesicht doch so blind und leblos war wie der trübe Streifen ihrer Augen, der unter den nicht fest geschlossenen Wimpern hervorblitzte?

Schließlich kam der Morgen.

VI

Ach, wie gut hat der Herrgott es eingerichtet, daß er das Licht erschaffen hat!

Wie oft im Leben habe ich diese Worte gesagt, wenn ich nach bedrückenden nächtlichen Träumen die Augen aufschlug! Wie dieses Licht unsere Seele und alles um uns herum beruhigt und vereinfacht.

Es war ein hellichter, ruhiger, einfacher Tag, als ich erwachte.

Doch kaum war ich erwacht, blickte ich zum Spiegel … Oh, wie traurig er mir vorkam!

Und nicht nur er. Alles im Haus war traurig: Meine verweinte, abgehärmte Mutter mit ihren glänzenden Augen, der ernste Erzieher und die still gewordene, längst nicht mehr so gebieterische alte Njanja, die halblauten Gespräche, dieses puppenhafte kleine Mädchen mit dem wächsernen Gesichtchen, der lila Schläfe, den leblosen Locken und den halb geöffneten Wimpern, unter denen noch trüber als gestern der Streifen der gläsernen Augen hervorblitzte …

Dann, an einem sonnigen Tag mit Frost und Schneegestöber, kamen in drei Schlitten die Popen gefahren, sie brachten Kälte ins Haus, den Geruch von Schnee und Weihrauch und begannen mit traurigen Litaneien und Gesängen um die Puppe auf dem Tisch herumzugehen, sich vor ihr zu verneigen und sie mit dem Weihrauchfaß einzuräuchern.

Mit welch vornehmem Zartgefühl, mit welch kokettem Kummer flötet an diesem Tag der hohe, kehlige Tenor des stets beherzten, ja unverfrorenen Vater Fjodor!

Wie er sich beschwingt, als sei er bei einer Quadrille, bald dem Tisch nähert, bald zurückweicht und mit seiner geschickten Hand – nicht einmal mit der Hand, sondern nur mit der Handfläche – das dampfende Weihrauchfaß emporschwingt und dabei die reglose Puppe in blaue Schwaden kirchlichen Wohlgeruchs hüllt.

Und wie ich an diesem Tag die ganze Süße des leidenschaftlichen Schluchzens meiner Mutter empfand, als der sich überschlagende Tenor sie traurig tröstete mit der unsäglichen Schönheit der himmlischen Heimstätten. Und wie schmerzhaft schnürte es mir das Herz zusammen in dem Moment, als man den kleinen Sarg, in aller Eile zusammengezimmert aus wohlriechenden Kiefernbrettern, für immer mit einem Deckel verschloß und unter Gesängen zum Schlitten trug, wo im sonnigen, frostigen Schneegestöber der Wind die Haare auf den entblößten Köpfen der Männer flattern ließ!

VII

Auf lange Zeit erstarrte danach unser Holzhaus in Stille und Traurigkeit.

Die Frühlingssonne erfüllte das Kinderzimmer – das nun unser Schulzimmer war – tagelang mit fröhlichem Glanz, doch meine ganze Freude war erloschen.

Was war nur geschehen mit dem lieben, fröhlichen Mädchen, das einst immer so laut ihren Namen gerufen hatte und jetzt in einem Grab auf dem Dorffriedhof lag?

Woher war sie gekommen? Warum war sie herangewachsen, umhergesprungen, fröhlich gewesen bis zu jenem schicksalhaften Abend, an dem ein böser Geist sie mit seinem glühenden Atem angehaucht hatte?

Mit ihrem glühenden Gesichtchen und den glänzenden Augen war sie an jenem Abend besonders lebhaft – und plötzlich neigte sie sich an die Schulter der Mutter:

»Mama, müde!«

Man brachte sie sofort ins Kinderzimmer, und das war die letzte Stunde, in der ich sie sah: Sie hat das Kinderzimmer nicht lebend verlassen.

Es vergeht ein Tag nach dem anderen, und sie ist nicht da – und wird nie mehr dasein.

Selbst ihre Wiege brachte man auf den Dachboden.

Die Winterrahmen vor den Fenstern werden abgenommen, unser Klassenzimmer ist erfüllt von duftiger Frische und heller Sonnenwärme … Aber sie ist nicht da – wird nie mehr dasein!

Es heißt, sie sei auf dem Friedhof, in Snamenskoje. Aber etwa ganz und gar? Das Lebendige, das Wunderschöne, das in ihr war, ist nicht dort, sondern irgendwo weit weg … im Paradies, im Himmel.

In der stillen Aprildämmerung, wenn ich mit der Njanja an dem offenen Fenster zum dunklen, kühlen Garten saß, beobachtete ich lange den verlöschenden, zartroten Sonnenuntergang, in dem sich dunkelblaue Wolken türmten, die aussahen wie Sarkophage. Und wenn dann an dem grünlichen Himmel über ihnen die silbrige Perle des ersten Sterns aufflammte, sagte die Njanja zu mir:

»Da ist das Seelchen unseres gnädigen Fräuleins.«

Doch auch in diesen Worten … Nein, das war viel zu einfach! Es war ebenso einfach, aber auch ebensowenig eine Erklärung wie die Tatsache, daß ein Spiegel eine mit Quecksilber bestrichene Glasscheibe ist.

VIII

Und wie groß war meine Verblüffung, als ich mich davon überzeugte!

Manches Mal hatte ich den Spiegel von der Wand gerückt, und manches Mal hatte ich mich vergewissert, daß dahinter nichts war als Balken, Spinnweben und rauhe Holztäfelchen!

Freilich mußte ich einen Blick hinter das Holz werfen! Und eines Tages, als im Haus alles schlief, rückte ich, starr vor Furcht, ertappt zu werden, den Spiegel von der Wand – und spreizte mit einem Küchenmesser eines der Holztäfelchen leicht ab …

Ja, man hatte mich nicht getäuscht!

Unter dem Holztäfelchen war nichts als die mit rotbrauner Farbe bestrichene Glasscheibe.

Aber vielleicht war etwas zwischen dieser Farbe und der Scheibe?

Nein, auch da war nichts: Vorsichtig kratzte ich mit der Messerspitze an einer Ecke des Spiegels – und entdeckte … Glas!

Aber wurde das geheimnisvolle Quecksilber dadurch nicht noch geheimnisvoller?

Zweifellos. Denn ist nicht auch das phantastisch, was ich getan hatte? Ich hatte mit dem Messer ein Quentchen roter Farbe abgekratzt und entdeckt, daß die phantastische Glasscheibe eine ganz gewöhnliche Scheibe war:

Wenn man sich an die Stelle preßte, wo ich gekratzt hatte, konnte man durch die Scheibe das Zimmer sehen …

Wo war ich, bevor der erste Strahl meines Bewußtseins aufblitzte, geweckt durch eine helle Glasscheibe, die in dem schweren Rahmen zwischen den Spiegelstützen des Toilettentischs hing? Wo war ich vor dem Nebelschleier meiner stillen frühen Kindheit?

»Nirgends«, antworte ich mir selbst.

Dann habe ich also vorher gar nicht existiert?

»Nein, ich habe nicht existiert.«

Aber da mischt das Herz sich ein:

»Nein. Das glaube ich nicht, ebenso wie ich nicht an Tod und Zerstörung glaube und nie glauben werde. Sag besser: Ich weiß es nicht. Dein Nichtwissen ist auch ein Geheimnis.«

Mein Gedächtnis ist so schwach, daß ich mich beinahe an gar nichts erinnern kann, nicht nur aus der frühen Kindheit, sondern auch aus der Kindheit und Jugend. Und doch existierte ich! Und nicht nur das – ich dachte, ich empfand, und das so absolut, so begierig wie niemals danach. Wo ist das alles?

Das ist auch ein Geheimnis. Und sie ist überall, diese alles durchdringende Macht des Geheimnisses, eine Macht, die uns meist böse und feindlich gesonnen ist.

Was hat sie mich im Kindesalter gequält!

Drei Kerzen im Zimmer bedeuten Tod.

Nächtliches Hundegeheul – Tod.

Ein Rabe fliegt mit sirrenden Flügeln niedrig über das Haus – Tod.

Ein versehentlich zerschlagener Spiegel – Tod.

Der schwarze Kaliko, der darübergehängt wird – das Symbol des Todes!

Und was tut sich nachts auf Dachböden, auf Feldern und Friedhöfen! Was sieht man in der Nacht vor einem Unglück im Spiegel!

»Da kam ich herein, Mütterchen, gnädige Herrin, vielleicht zwei Nächte bevor das gnädige Fräulein sterben mußte, ich sah zum Toilettentisch, und im Spiegel steht jemand bleich, ganz bleich wie Kreide, und ganz, ganz lang.«

»Das war bestimmt nur dein Kleid im Spiegel.«

»Ach wo, weiß Gott nicht! Als ob ich nicht wüßte, was ich anhatte! Das ist es ja eben, einen Barchentrock hatte ich an und eine dunkle Bluse!«

Manchmal dachte ich: Hattest du am Ende gar recht, meine alte Lehrerin?

In dem Spiegel sieht man noch heute den Kratzer, den ich vor vielen Jahren gemacht habe – in dem Moment, als ich versuchte, wenigstens einen Blick zu erhaschen auf das Unbekannte, Unbegreifliche, das mich vom Ursprung meiner Tage an bis zum Grab begleitet.

Ich sah mich in diesem Spiegel als Kind – aber ich kann mir dieses Kind nicht mehr vorstellen: Es ist für immer und unwiderruflich verschwunden.

Ich sah mich in dem Spiegel als Knabe, aber auch an ihn erinnere ich mich nicht mehr.

Ich sah mich als Jüngling – und nur anhand von Porträts weiß ich, wen der Spiegel einst reflektierte.

Ist das etwa meines – dieses klare, lebhafte und leicht überhebliche Gesicht? Es ist das Gesicht meines längst verstorbenen Bruders. Ich blicke ihn auch an wie ein älterer Bruder: mit einem zärtlichen Lächeln der Nachsicht gegenüber seiner Jugend. Doch der Spiegel zeigte ein trauriges, schon ruhiges Gesicht!

Und es kommt der Tag, an dem auch dieses Gesicht für immer von der Welt verschwinden wird.

Und von meinen Versuchen, das Leben zu enträtseln, bleibt nur eine Spur: ein Kratzer auf einer mit Quecksilber bestrichenen Glasscheibe.

Arm ist der Teufel

I

Bergabwärts über den ausgetretenen, holprigen Weg stieg der Student Woronow zum Fluß hinunter. An der Brücke, die Arme auf eine Krücke gestützt und in den Fluß blickend, stand ein kleiner Mann.

Smaragdgrüne Eisbrocken lagen um die dunkelvioletten Eislöcher herum. Die Stimmen der Frauen, die ihre Wäsche ausspülten, schallten laut durch die frostige Luft. Die Sonne verschwand gerade hinter den Gärten und dem Berg, das verschneite Tal lag schon ganz im Schatten, aber die kleinen Fenster der Bauernkaten und die Kreuze der rosa-weißen Kirche auf der gegenüberliegenden Seite glühten noch in strahlendem Gold. Der tiefe Januarschnee und die gewaltigen Schneekappen auf den Bauernkaten schimmerten purpur. Rötlichschwarz hob sich der Garten von Woronows Anwesen neben der Kirche ab, dicht und frisch dunkelten die Kiefern im Vorgarten. Der Rauch aus den Schornsteinen stieg in gleichmäßigen, violetten Säulen in den klaren, grünen Himmel auf.

Es machte den Anschein, als würde der, der an der Brücke stand, sich an dem Anblick erfreuen.

An ihm vorüber sausten knirschend und schlingernd einige Hörnerschlitten: Die Fuhrwerke waren ohne Ladung auf dem Heimweg und fuhren sehr schnell. Er trat wohlweislich zur Seite, in den Schnee.

»Paß auf, ich fahr dich um!« rief einer der Fuhrleute, dessen Schlitten besonders verwegen schlingerte.

Der Mann drehte sich um und rief etwas zur Antwort ... Dann winkte er ab und fing an zu husten.

Der Student lief zur Brücke hinunter, und der Mann hustete noch immer. An seinem vorgestreckten Hals und seinem gebeugten Kopf, daran, wie er die Krücke abgestellt hatte und sich mit beiden Händen darauf abstützte, konnte man sehen, daß es ein langwieriger, quälender Husten war. Aber er könnte auch vorgetäuscht sein, der Mann war sicher ein heiliger Narr, ein Landstreicher, der an Pilgerorten umherzog und den Herrn bestimmt bemerkt hatte.

Als der Student den Mann erreichte, blickte er ihm ins Gesicht und unter die selbstgemachte, innen mit Fell gefütterte Mütze mit Ohrenwärmern und Nackenklappe. In dem Moment verstummte er, er machte einen tiefen Bückling und trottete keuchend über die Brücke von dannen, wobei er mit einem Quietschen die Eisenspitze seiner Krücke in den gefrorenen Schnee bohrte. Die mageren Füße in den großen Bastschuhen schleppten sich mit Mühe voran ...

Nein, kein heiliger Narr. Bloß bettelarm und krank.

Ungewöhnlich war nur die Sorgfalt, mit der er seine Beutel über die Schultern gelegt hatte. Ungewöhnlich auch der Bauernkittel in der Farbe von Roggenbrot, der alt, aber sorgsam geflickt war und nur bis zum Knie reichte: Die Knie waren von Lederschößen bedeckt – die von einem Halbpelz abgeschnitten und an den Bauernkittel angenäht waren. Und ganz ungewöhnlich war sein Gesicht – das Gesicht eines Halbwüchsigen von etwa vierzig Jahren: blaß und erschöpft, einfach und traurig. Die schwarzen kleinen Augen blickten mit einer eigentümlichen Gelassenheit. Die aschgrauen Lippen zwischen dem spärlichen Schnurrbart und dem schütteren Bart waren leicht geöffnet. Die lange Haarsträhne, die nach Frauenart auf dem kleinen, wachsbleichen Ohr unter dem Ohrenwärmer lag, war trocken und spröde wie bei einem Eremiten. Der Körper war schmächtig und ausgezehrt, mit kränklich hochgezogenen Schultern …

»Bist du steif gefroren, Alter?« rief der Student mit künstlicher Munterkeit.

Der Bettler blieb schweratmend stehen, öffnete den Mund und hob Brust und Schultern.

»Nein«, antwortete er unerwartet einfach, sogar fast heiter. »Steif gefroren bin ich nicht …«

Wieder gab er sich einen Ruck und fügte noch munterer hinzu – in einem Ton, als stehe alles zum Besten, mit Ausnahme dessen, was nun einmal nicht zu ändern war:

»Steif gefroren bin ich nicht. Aber mit der Gesundheit …«

Er streckte die Brust heraus:

»Aber mit der Gesundheit wird es immer ärger!«

Er setzte sich vorsichtig in Bewegung.

Der Student musterte seine Bastschuhe, die Fußlappen: die Beine dünn und schwach, die Fußlappen dünn und alt, die Bastschuhe löchrig und zu groß ... Wie stellte er es nur an, bei diesem Frost zu gehen?

»Du hast aber wirklich sehr schlechte Schuhe und Kleider, mein Bester!« sagte der Student.

»Die Schuhe sind wohl schlecht«, stimmte der Bettler zu. »Aber die Kleider ... nein, die Kleider sind einigermaßen gut. Ich habe eine Wattejacke darunter an.«

»Aber trotzdem ist dir sicher kalt ohne Walenki?«

»Wenn mir kalt ist ... hab ich Seitenstechen. Aber wenn ich husten muß – das ist mein Tod.«

Im Gehen zu sprechen war schwierig. So blieb der Student stehen. Auch der Bettler blieb stehen und stützte seine Hände schnell auf die Krücke.

»Kommst du von weit her?«

»Ja ... Aus der Nähe von Liwny.«

»Hast du die Atemnot schon lange?«

»Die Atemnot? Das siebte Jahr.«

»Und Salpeter verbrennen? Das hilft gut.«

»Nein. Pfeffer ... hab ich eingenommen.«

Der Student schüttelte den Kopf.

»Das ist dumm!« sagte er. »Ich studiere Medizin, das heißt, ich werde Arzt – verstehst du?«

»Eine gute Sache ... Wie soll man das nicht verstehen!«

»Nun, dann hör mir einmal zu: Nimm keinen Pfeffer, sondern kauf dir Salpeter. Der kostet nur zwei Kopeken! Du mußt ihn auflösen, Papier damit anfeuchten, es trocknen und verbrennen. Wenn du das einatmest, wird es dir leichter.«

Wieder stimmte der Bettler zu, offensichtlich, ohne dem Salpeter die geringste Bedeutung zuzumessen:

»Gut möglich. Das ist nicht teuer.«

»Wo wirst du heute übernachten?«

»Übernachten? Übernachten kann man überall. In Snamenskoe übernachte ich …«

»So, so!« Der Student schmunzelte. »Aber bei deinem Tempo bist du vor Morgengrauen nicht da!«

»Ich habe es nicht eilig. Darum geht es nicht, Bruder …«

Der Bettler lächelte schuldbewußt und faßte Mut:

»Es geht darum, daß es mit der Gesundheit immer ärger wird.«

Das kam so ergreifend heraus, daß der Student leicht verlegen wurde.

»Gehst du durch das Dorf?«

»Nein. Heute habe ich eine Kleinigkeit gesammelt. Ich bin nicht gierig.«

»Aber Wodka trinkst du?«

»Nur im Himmel wird nichts getrunken, auf Erden aber … Viel trinke ich nicht.«

»Und in den Beuteln ist deine Habe?«

»Meine Habe! Die paar Sachen … Hemden, Hosen. Hosen habe ich viele … Drei Stück … Aber mit den Hemden ist es ein Elend. Die sind bretthart.«

»Wie das denn?«

»Hart und rauh. Mit brettharten Kragen. Ein Herr aus Ismalkowo hat sie mir gegeben …«

Hinter der Brücke gabelte sich der Weg: Der eine

Teil führte steil bergan, zum Anwesen von Woronow, der andere, sanft ansteigende führte schräg hinüber zur Kirche.

»Hör zu«, sagte der Student. »Gehen wir zu uns. Ich werde dir ein wenig Geld geben …«

Die Sonne ging unter. Der Bettler blickte bergan, auf das kräftige Grün des Vorgartens, auf die leblosen, graublauen Dächer, den malachitgrünen Schnee auf der Weide … Ohne Hast antwortete er:

»Arm ist der Teufel, er hat kein Kreuz. Aber ein wenig Geld wäre nicht schlecht.«

»Also gehen wir.«

»Ach … ich geh doch nicht mit. Ich komm scheint's auch so zurecht. Der Berg … ist ordentlich hoch.«

»Na und, was macht das? Dafür kannst du dich ausruhen. Du bleibst über Nacht.«

Der Bettler überlegte.

»Nein«, sagte er dann entschlossen. »Ich bleibe nicht über Nacht. Ich glaube, in Snamenskoe ist es besser …«

Er neigte den Kopf und machte sich keuchend und langsam, aber beharrlich auf den Weg zur Kirche.

II

Der Student lief nach Hause, packte seinen Geldbeutel und holte den wunderlichen Mann kurz vor dem offenen Feld wieder ein. Von dort, von Norden her, blies ein scharfer Wind, der zäh an Schnurrbart und Wimpern klebte. Dunkel und als einziges Wogen schimmerte die mattviolette, verschneite Ebene, die zu der hohen Windmühle am Horizont hin sanft anstieg. Das Licht des Sonnenuntergangs lag noch auf dem Kreuz ihrer breit gespannten Flügel. Das dunkelnde Feld schwelte und kräuselte sich, lief davon mit dem schnellen, rauchenden Gewirbel des Schneetreibens.

»So, hier hast du einen halben Rubel«, sagte der Student leicht außer Atem, als der Bettler sich beim Knirschen seiner Schritte umwandte und stehenblieb. »Aber sag, wie soll ich deiner gedenken?« fügte er scherzhaft hinzu.

Der Bettler lächelte.

»Mir geht es jetzt einigermaßen, es ist besser geworden«, erwiderte er munter, obwohl sein Gesicht bläulich verfärbt und faltig war und der Wind ihm die Tränen in die Augen trieb.

Er zog den großen Fausthandschuh aus, nahm mit seinen starren, eisigen Fingern die Münze und betrachtete sie gedankenverloren. Der Student hatte einen Freudenausbruch erwartet, doch der Bettler bedankte sich gelassen:

»Dafür danke ich ... Und meiner zu gedenken ist, so Gott will, nicht nötig. Ich schaffe es schon.«

»Aber im Ernst, wie heißt du, und was bist du für ein Sonderling?« fragte der Student.

»Wie ich heiße? Ich hieß Lukjan ... Und wieso ich so wunderlich bin – das weiß ich nicht.«

»Du wirst doch erfrieren!«

»Wenn du erfrierst, kannst du es nicht verhindern. Der Tod, Bruder, ist wie die Sonne, mit den Augen kannst du ihn nicht ansehen. Er findet dich überall. Und man stirbt nicht zehnmal, sondern nur einmal.«

»Du hast es also eilig, ins Paradies zu kommen?« fragte der Student spöttisch, während er sich das Ohr hielt und sich vom Wind abwandte.

»Wieso ins Paradies? Das ist noch ungewiß – entweder gibt es ein Paradies, oder es gibt keines. Mir geht es auch hier nicht schlecht.«

Der Wind blies immer stärker in den Rücken und gegen den Kopf, ließ den Nacken eisig kalt werden, machte einen frösteln und die Beine leicht. Der Student ließ die Hand sinken und blickte mit Verwunderung in das Gesicht des Bettlers.

»Aha!« sagte er. »Dir geht es also nicht schlecht?«

Der Bettler blickte ihm ebenfalls in die Augen.

»Warum nicht?« fragte er. »Arm ist der Teufel, er hat kein Kreuz. Aber ich lebe so für mich …«

»Ach so ist das! ›Wie die Vögel unter dem Himmel‹ …«

»Warum nicht wie die Vögel unter dem Himmel? Die Vögel, die Tiere überhaupt denken nicht ans Paradies, sie haben keine Angst zu erfrieren.«

»Was du nicht sagst? Bist du Philosoph? Atheist?«

»Diese Wörter verstehe ich nicht.«

»Ich weiß, daß du sie nicht verstehst. Ich wollte fragen: Glaubst du an Gott?«

Der Bettler überlegte.

»Es gibt kein Geschöpf, das nicht an Gott glaubt«, sagte er bestimmt.

Der Student sah ihn mit noch größerer Verwunderung an. Aber es war so kalt, da zu stehen, daß er nach kurzem Zögern resolut sagte:

»Nun, mit Gott!«

»Also leben Sie wohl«, ließ der Bettler sich vernehmen und schwenkte seine runde Mütze. »Vergelt's Gott!« Er überlegte kurz, zog seinen Fausthandschuh an und drehte sich um ... Klein, gebückt, mit seiner hohen Krücke, wurde er bald noch kleiner, versank bis zum Gürtel in der Dämmerung und dem welligen, dichten Schneegewoge, das von der Mühle her entgegenkam.

Am Abend ging der Student im Salon lange von einer Ecke in die andere. Die Dienerschaft schlief. Auf dem Tisch brannte eine Lampe, in der Ecke das Lämpchen vor der Ikone; wenn die Herrin nicht zu Hause war, zündete die Njanja es immer an, damit Gott sie wohlbehalten zurückkehren ließe. Nun blickte der Student besorgt auf die Uhr – es war schon nach acht Uhr, und die Mutter war noch immer nicht da.

»Wilde!« sagte er hin und wieder laut, wenn ihm der Bettler einfiel.

In der Nacht schlief er nur wenig. Seit dem Abend hatte er Jung gelesen, und gegen zehn war er in Walenki und Kapuze hinausgegangen, um zu sehen, wie die Zwillinge aufgehen, und bei der Gelegenheit einen Blick auf das Wetter zu werfen. Auf der Schwelle im Vorraum blieb er verblüfft stehen: Draußen schien es stockfinster – und so dumpf hallte der Garten in dem eisigen Sturm, so heftig wütete das Schneetreiben. Doch seltsam! Über dem unaufhörlich tobenden Schneegestöber hob sich deutlich und dunkel der Garten ab, und die Sterne funkelten am schwarzblauen, klaren Himmel. Im Schnee versinkend, den Kopf gebeugt gegen den brennenden Schneestaub, der einem den Atem nahm, überquerte der Student die heulende Allee und blickte hinaus ins Feld: Dunkelheit, ein schemenhaft wogendes, fahlweißes Meer – und darüber, zwei schrecklichen diamantblauen Augen gleich, die bald verschwanden, bald wieder auftauchten, zwei helle, weit auseinander stehende Sterne …

Ein zweites Mal ging der Student nach elf Uhr zur Gartenmauer. Wieder dasselbe! Nur noch frostiger und schrecklicher. Alles schläft tief und fest, nirgends ein Licht, der Garten tost machtvoll und wild. Der Himmel ist noch klarer, schwärzer, die Sterne sind noch flammender. Über dem weißen Meer des Schneesturms zwei andere, noch weiter aufgerissene, blutige Augen: eine seltene, unheilverkündende Kombination von Arktur und Mars. Spitz glitzern die Perlen des Bärenhüters, die fächerförmig am Horizont über der Mühle ausgestreut sind. Die Zwillinge sind weitergewandert und funkeln beinahe über dem Kopf …

»Er wird erfrieren, zum Teufel!« überlegte der Student aufgebracht.

Die ganze Nacht hindurch schlugen die Läden, die nicht richtig geschlossen waren, unheimlich und monoton gegen das dunkle, schneeverwehte Haus. Vom Wind durchgefroren bis auf die Knochen, fiel der Student in einen tiefen Schlaf, aber dann begann er im Traum auf dieses Geklapper zu warten. Er erwachte, entzündete eine Kerze, kleidete sich an … Die Läden klapperten nicht mehr. Und als er auf die Vortreppe hinausging, vernahm er in der Ferne das schlaftrunkene, melodische Krähen der Hähne und blieb starr vor Entzücken stehen.

Es war eine ganz besondere Luft, frisch und würzig, wie immer nach einem Schneesturm aus Norden. Die stille, klare Nacht, goldüberglänzt von dem Halbmond, der niedrig über den weißschimmernden Gärten jenseits des Tales stand, mischte sich mit dem zartroten Licht der Morgendämmerung im Osten. Wie ein Dreieck aus flimmerndem, flüssigem Gold hing dort die Venus. Mars und Arktur funkelten hoch im Westen. Und alle Sterne, kleine wie große, hoben sich so deutlich von dem grenzenlosen Himmel ab, waren so leuchtend und klar, daß ihr Gespinst aus Gold und Kristall fast bis zu der Schneedecke hinunterreichte, die ihren Glanz widerspiegelte. In den Katen des Dorfes brannten hier und da Lichter, die Hähne sangen dem Halbmond, der sich sanft und müde neigte, gleichsam ein Schlaflied. Laut knirschend und kreischend kam die vertraute Trojka durch das Tor hereingefahren – ganz graugekräuselt vom Rauhreif, mit weißen, flaumigen Wimpern …

Als der Student zum Schlitten lief, riefen die Mutter und der Kutscher ihm wie aus einem Munde zu, auf dem Weg nach Snamenskoe liege ein Leichnam im Schnee.

III

Er lag mit dem Gesicht nach unten. Er wurde noch am selben Tag geborgen, gegen Mittag. Doch ein Tier hatte ihm bereits den Hals zernagt.

In der kalten Bauernkate des Starosta wartete er auf den Landkommissar. Man streute Stroh auf den Boden – und legte ihn darauf …

Man vergrub ihn einfach und gleichgültig.

Ihn anzusehen konnte der Student sich nicht entschließen. Er ging nur zur Kirche, als man ihn hinaustrug. Wieder war es ein frostiger, klarer Abend, wieder glänzte das Kreuz am grünlichen Himmel. Auf der Vortreppe des Wärterhäuschens, neben dem Tor der Kirchmauer, stand der kahlköpfige, barhäuptige Wächter, Träger des Georgs-Ordens, und erzählte dem Studenten voller Eifer zum hundertsten Male, wie er vor »Kiskintinopel« gewesen war.

»Hattest du Angst im Krieg?« fragte der Student. »Hast du Angst vor dem Tod?«

»Vor dem Tod? Wieso sollte ich? Zwei Tode gibt es nicht, und dem einen entkommst du nicht!« versetzte der Wächter schlagfertig.

»So ist es!« sagte der Student, indem er den Tonfall des Wächters nachahmte. »Aber da ist doch nichts – in diesem Jenseits da?«

Der Wächter überlegte und blickte mit listigen Augen zu Boden. Dann plötzlich kam es zackig und begeistert:

»Aha. Und wer hat die Eiche gebaut?«

Der Student war verblüfft. »Was für eine Eiche? Die Arche vielleicht?« wollte er fragen. Doch der Wächter hatte schon bemerkt, daß er danebengegriffen hatte.

»Ja genau, das meine ich!« rief er begeistert.

»Wilde!« dachte der Student aufgebracht und wandte sich ab.

Schließlich kamen ein paar Leute in Sicht: Einige barhäuptige Männer trugen auf Gurten einen gewaltigen Brettersarg hinaus. Man schlug an die Glocke. Ein kleiner Stadtschlitten mit dem großen, buckligen Diakon und dem graubärtigen Popen in seiner warmen Mönchskappe kam angefahren.

»Immer wacker, Kinderchen, immer wacker!« rief der Pope munter, während er seinen in einer großen Galosche steckenden Fuß aus dem Schlitten befreite.

Die Sargträger stürmten, unter der Last strauchelnd, mit vereinten Kräften fast im Laufschritt zum Tor, an Mädchen und Jungen vorbei. Der Student lüftete mit klopfendem Herzen seine Schirmmütze und schielte auf den Kalikostoff, der das Gesicht des seltsamen Verstorbenen bedeckte, der allen hier fremd war.

Mit einem Mal kam vom Hügel her ein Bauer, zerzaust und ebenfalls barhäuptig, mit einem Kindersarg unter dem Arm. Er rannte und strahlte über das ganze Gesicht vor Freude.

»Er hat es gestattet!« rief er dem Wächter zu und

blieb, als er die Kirchenmauer erreicht hatte, stehen, um Atem zu schöpfen. »Der Diakon war dagegen, aber das Väterchen hat kein Wort gesagt!«

Der Wächter klopfte sich auf die Schenkel und sperrte seine tränenden Augen auf.

»Was du nicht sagst? Das heißt also, es gibt ein Gastmahl. Bloß warum kommst du Dummkopf mit dem Sarg gerannt?«

Der Bauer geriet in Aufregung.

»Du bist ein komischer Kauz! Du hast doch selbst gesagt … das Väterchen wird nicht zulassen, daß man ihn ohne Erlaubnis in die Kirche stellt … Und überhaupt wiegt er bloß zwei Pfund.«

»Worum geht es denn?« erkundigte sich der Student.

»Es geht darum, daß es sich sehr günstig ergeben hat«, erklärte der Bauer erfreut. »Sonst hätte ich nämlich für das Mädchen ein Grab schaufeln müssen und das Väterchen oder sagen wir den Vater Diakon bemühen, und noch dies und das, aber jetzt hat es sich so günstig ergeben, daß ich sie mit Gott zu diesem Pilger legen kann – und basta!«

»Na eben, deshalb sage ich ja«, unterbrach ihn der Wächter, »daß du jetzt ein Gastmahl geben kannst, aus lauter Freude.«

»Das geht mir schon nicht unter, Bruder«, brummte der Bauer und wandte sich zum Tor.

Lange schien dem Studenten das namenlose Grab auf dem Friedhof hinter der Kirche eigenartig. Er mußte immerzu an die hohe Krücke denken, an die schwarzen

Augen, die lange Haarsträhne. Er wollte eine Erzählung schreiben … Aber es ist schon so viel geschrieben worden über die, die auf der Straße erfrieren! Er würde einen boshaften, knappen Titel nehmen: »Wilde«. Aber waren sie Wilde? Er war verwirrt, berührte den kleinen Kindersarg, der zufällig in dieses Grab geraten war, auf den sinnlos großen, allen hier fremden Sarg … Kann man das etwa zum Ausdruck bringen?

Der Abend vor dem Markt

Ende Mai, und auf dem Feld ist es noch kühl, der Wind bläst, ein ums andere Mal verkriecht sich die Sonne in den Wolken, Schatten und Licht ziehen vorbei.

Sie waren ungefähr vier Stunden gefahren, auf dem kleinen Wagen durchgerüttelt worden. Sie waren müde und hatten genug von allem. Doch nun endlich zeigte sich in weiter Ferne das Bild der Stadt, das Band der darauf zulaufenden Landstraße schimmerte weiß, sie zerrten munterer an den Zügeln, rollten die Straße im Trab entlang und überholten andere Reisende, die auch zum Markt unterwegs waren. Auch das Wetter heiterte auf, der Wind legte sich, und die Stadt, die immer näher kam, das Kloster, das Gefängnis, die Kreuze der Kirchen und die Fensterscheiben der Häuser waren schon deutlich zu erkennen und glänzten in der Abendsonne.

Auch die Luft ändert sich allmählich. Sie ist noch kühl, riecht nach Mandeln und Feld, vermischt sich aber schon mit einer Vielzahl anderer Gerüche. Hinter den Fuhrwerken trotten die daran festgebundenen Pferde und Kühe. Auf den Hörnern der Kühe glänzt die niedrigstehende Sonne ebenfalls, die Kühe gehen langsam, mit weiblicher Unbeholfenheit. Junge Stuten und Hengste ereifern sich wütend und scheuen, wenn man sie im Trab überholt. Es riecht nach Pferdedung und Kühen, nach Teer und dem Heu, mit dem die Rückwände der Wagen ausgestopft sind, vor allem aber riecht es nach der Stadt und nach dem Marktlager, das sich bereits über die gewaltige Weide vor dem Kloster erstreckt. Dort, auf dieser Weide, leuchten weiße Schaubuden, auf die Schnelle zusammengebaute Feldöfen qualmen, eine ordentliche Menge an Vieh und Fuhrwerken mit hochgeklappten Deichselstangen, die aber noch recht weiträumig aufgestellt sind, hat sich eingefunden …

Wenige Minuten später ratterte der kleine Wagen mit einem für das ländliche Ohr ungewohnten Rumpeln über das Pflaster. – Die Stadt!

Quartier nehmen sie wie immer auf der Ostroschnaja-Straße, die zwischen dem Gefängnis und dem Kloster hindurch direkt in die Stadt führt.

Sie können nur mit Mühe auf den großen Klosterhof fahren, so eng ist es. Die Zigeuner haben alles in Beschlag genommen, eine ganze Pferdeherde mitgebracht: Donpferde, Kirgisenpferde, reinrassige Vollblüter, die mit Decken geschützt sind. Mitten auf dem Hof ein gewaltiger Planwagen mit Lederverdeck, über und über mit Kupferdrachen geschmückt. Daneben ist ein gestreiftes Zelt aufgeschlagen. Unter den hochgestellten Seitenteilen steht direkt auf dem Boden ein gewaltiges Bett, darauf aufgetürmt ein paar Federbetten, mehr recht als schlecht zugedeckt mit löchrigen Kattundecken, und eine Vielzahl speckiger roter Kissen. Hoch auf den Kissen liegt längelang mit dem Gesicht nach unten, wie ein Toter, ein ungewöhnlich schöner, schlafender Junge von etwa fünfzehn Jahren, barfuß, in kurzen Hosen. Zu seinen Füßen stößt ein Samowar dicken, stark riechenden Qualm aus, daneben sitzt eine junge Zigeunerin mit starrem Blick. Am Hals trägt sie Korallenschnüre aus Siegellack und alte silberne Kreuze. Sie starrt, raucht Pfeife und spuckt aus.

In den Stuben war dafür keine Menschenseele. »Die schlafen doch alle bei den Pferden, auf dem Hof«, sagte eine große, gebückte Alte, die Mutter des Wirts. »Um so besser«, wurde ihr entgegnet. »Laßt doch den Samowar bringen, Mütterchen, und gestattet, daß wir die Hände waschen.«

Zum Tee kauften sie Kalatsche und Wurst. Danach saßen sie rauchend auf der Vortreppe und unterhielten sich mit den Pferdehändlern und den Zigeunern, die herbeikamen, wie der Abend vor dem Markt verläuft, welche Preise sich abzeichnen. Die Pferdehändler bekräftigen:

»Was der Herr gibt! Was der Herr gibt! Er macht die Preise ...!«

Am Abend hinter den Dächern der Stadt das goldene Licht des großen, niedrigstehenden Mondes. Licht und Schatten liegen auf dem Hof, der schön und mit dem Planwagen und dem Zelt sogar ein wenig märchenhaft wirkt. Wie warm es ist, das ist die Stadt! Und weil über die gerade, breite Ostroschnaja-Straße noch immer knarrende Wagen gefahren kommen und über das ausgetretene Trottoir noch immer Menschen gehen und sich unterhalten, ist die Nacht heiter und festlich.

Am Morgen geht, strömt die redselige Menge in die andere Richtung – hinaus aus der Stadt, in Richtung des Klosters. Dorthin jagen auch die Kutschen, in den staubigen Schlaglöchern schwankend.

Es ist windig, aber sonnig. Die ganze Zeit ertönt das festliche Durcheinander der Glocken, das keine Minute verstummt und einen nicht reden und nicht hören läßt.

Was für eine Menge Volk, und sie wird immer größer!

Dichtes Gedränge herrscht am Tor des Klosters – bärtige, struppige, sonnenverbrannte Bauern, Fremde allesamt, die man noch nie gesehen hat, aus den fernen Dörfern jenseits des Don, und eine bunte Vielfalt aufgeputzter Weiber und Mädchen, auch sie allesamt Fremde, scheinbar schöner als die eigenen. Das Tor des Klosters, zu dessen Seiten zwei lebensgroße Starzen gemalt sind, mit langen Bärten, grünen Kutten und schwarzen Stolen, in den Händen aufgeschlagene Urkunden, ist weit geöffnet, und die Kutschen der Kaufleute kommen herausgefahren.

Gegenüber dem Kloster liegt das große gelbe Gefängnis, und aus all seinen vergitterten Fenstern blicken, an die Gitter gepreßt, breite, bleiche Gesichter unter grauen, schirmlosen Mützen. Am Tor des Gefängnisses ist ebenfalls eine Menschenmenge – mitleidige Seelen haben den Insassen zur Feier des Tages Kalatsche gebracht.

Im Graben neben der Straße schläft ein barfüßiger Junge mit einem kleinen, rasierten Kopf. Eine eigenartige

Feinheit und Eleganz liegt in seiner ganzen leichten, wenig bäuerlichen Gestalt, in seinem kurzen Kattunhemd und den zerfetzten, löchrigen Hosen. Die Vorbeigehenden lachen und scherzen:

»Wer sich des Feiertags freut, ist schon vor Tagesanbruch blau!«

Auf der Straße steht einsam ein ausgespanntes Fuhrwerk, und auf dem Fuhrwerk, auf der Ladung, sitzt eine ältere Jungfer in einem Mantel aus dickem Tuch. An den Nasenflügeln Staub. Ein heißer Wind bläst, trägt Lärm und Stimmengewirr vom Markt herbei, und das Gesicht der Jungfer ist abgestumpft vom Sitzen, von der Kränkung, daß man sie da hat sitzenlassen und weggegangen ist, daß alle vorbeigehen und sie ansehen.

Da ist auch schon das staubige, niedergetrampelte Gras der Weide. Hier, etwas abseits, wo alle vorbeikommen, hat sich ein Kwaß-Verkäufer mit seinem Tischchen eingerichtet. Die Menge strömt vorbei, viele trinken im Gehen etwas bei ihm. Und er, verschwitzt, hochrot, mit aufgeknöpftem Kragen, die Schirmmütze im Nacken, ist frohgemut und erschöpft von seinem Lockruf und seinem regen Geschäft. Unter unaufhörlichem Rufen öffnet er knallend eine um die andere Flasche, zählt geschäftig die Kupfermünzen für das Rückgeld ab und tritt mit dem Stiefel nach den beiden roten Hähnen, die sich unter seinem Tischchen in die Haare geraten sind.

Mit jedem Schritt wird das Gedränge schlimmer – immer mehr Menschen, Fuhrwerke und Vieh: Alle naselang stolpert man über Schafe, die aneinandergebunden sind und im Staub und Dung auf der Erde liegen, mißtrauisch bahnt man sich einen Weg durch das Hornvieh und zwängt sich an den Hinterteilen der Pferde vorbei.

Jetzt muß man sogar vollends stehenbleiben – es ist kein Durchkommen mehr: Im auseinandertretenden Kreis der dichten Menge wird wie wild gehandelt. Es geht nur um ein Bauernpferdchen mit einem dünnen, zitternden Schweif. Aber was für ein Eifer, was für ein Geschrei! Wie furios gebärdet sich der Zigeuner mit dem pechschwarzen Bärtchen und den schwarzgoldenen Augen, während er das Pferdchen am Zügel hält und alle Augenblicke mit wilder, herausfordernder Miene auf die Zuschauer blickt!

Er hat die Weste aufgeknöpft, trägt darunter ein lilafarbenes Hemd und Samthosen, ein Hosenbein ist aus dem Stiefelschaft gerutscht.

»Ich habe aufrichtig gesagt – nimm es!« ruft er.

Ihm schauen zu: ein dickwanstiger Pferdehändler mit silbernen Berlocken an der Uhr, der an seinem silbernen Mundstück zieht, und ein kleiner Gutsbesitzer mit weißer Schirmmütze, schwarzem Mantel und grauen, über die Stiefel herabfallenden Hosen.

»Ich habe es aufrichtig gesagt, es war ehrlich gemeint!« ruft der Zigeuner heiser, wobei er das Pferdchen scharf herumreißt und zügelt. »Ich habe es aufrichtig gemeint – nimm es! Na, hundert Münzen – und dann gehen wir einen heben! Im Winter komme ich, dann kannst du mich bewirten, mir Brot und Salz geben!«

»Paß mal auf«, ruft der Pferdehändler, »um des lieben Friedens willen: sechs rote – und fertig! Es ist ein Arbeitspferd!«

»Ich hab an dem Pferd nichts auszusetzen«, ruft der Gutsbesitzer. »Ich nehme es!«

»Man darf das Pferd nicht scheu machen!« kommt es aus der Menge.

»Gebe Gott ein solches Kind!« schreit der Zigeuner.

»Dann betet! Sein heiliger Wille.«

»Hauptsache gesund!«

»Herr, gib deinen Segen! Fertig!«

Sie bekreuzigen sich, schlagen sich wütend auf die Arme, doch der Gutsbesitzer ruft:

»Fünf rote, und ich spendiere die Bewirtung!«

Der Zigeuner spuckt wütend aus:

»Pah! Das ist Zucker in den Mund und Feuer aus dem Hintern, deine Bewirtung! Was soll man mit dir reden, da verunreinigt man sich nur das Blut!«

Hastig kommt ein alter Zigeuner mit einem langen Stab heran, dessen Gesicht aussieh, als stammte es von einer alten Kupfermünze.

»Halt! Was ist das für ein Lärm, und Kampf gibt es keinen?« schreit er. »Halt! Ich versöhne euch!«

Und der Handel beginnt von neuem, beginnt mit neuer Erbitterung.

Nachwort von Thomas Grob

So fühle ich mich in letzter Zeit unheimlich wie ein »Dichter«. Das ist kein Scherz, ich bin sogar erstaunt darüber. Alles – alles Fröhliche, alles Traurige – hallt in meiner Seele nach wie die Musik unbestimmter, schöner Verse, ich fühle die schöpferische Kraft, etwas Echtes zu schaffen.

Der zwanzigjährige Iwan Bunin in einem Brief

Im Jahr 1911 schreibt Maxim Gorki in einem Brief: »Der beste Schriftsteller der Gegenwart ist Iwan Bunin, was bald jedermann wissen wird, der die Literatur und die russische Sprache liebt.« Und einige Monate später: »Er schreibt nun eine Prosa, daß man ohne Übertreibung von ihm sagen wird: Das ist der beste Stilist der Gegenwart.« Doch wenige Jahre später brechen in Rußland der Bürgerkrieg und die Revolution aus, die Bolschewiken erlangen die Oberhand, Bunin wird zum Emigranten und erst sehr viel später in der Sowjetunion wieder gedruckt. Bunins Sicht auf die Geschehnisse kann man in seinem Revolutionstagebuch *Verfluchte Tage* nachlesen. Seine ablehnende Haltung war keineswegs diejenige eines beleidigten Aristokraten, sie war viel eher diejenige eines Autors, der immer darauf beharrt hatte, sich nicht die Realität zurechtzuschreiben, und dem jeder Utopismus fremd war. Sein »Stil«, der eine einzigartige Form literarischer Weltverarbeitung beinhaltet, wird ihm später, abgeschnitten vom heimischen Publikum, den Nobelpreis einbringen. Den Weg vom frühen Lyriker zum Prosaautor von Weltrang kann man an den Erzählungen dieses Bandes, die von den Anfängen bis zu den Jahren seiner Anerkennung als Schriftsteller reichen, verfolgen.

Iwan Bunin wächst in einer Umgebung und in einer Generation auf, die ihn schriftstellerisch prägen werden. Er wird am 23. Oktober 1870 in Woronesch geboren, als Sproß alter Adelsgeschlechter, von deren alter Größe allerdings wenig übriggeblieben war. Sein Urgroßvater, so Bunin später, sei vermögend, sein Großvater immer noch gut situiert gewesen; sein Vater hingegen brachte den letzten Rest dieses Vermögens mit seiner Liebe zum Kartenspiel durch. Dafür scheint es den Jungen fasziniert zu haben, daß es im frühen 19. Jahrhundert zwei Dichter in der Familie gegeben hatte: Anna Bunina, eine der ersten russischen Dichterinnen überhaupt, und Wassili Schukowski, den Übervater der russischen Romantik.

In Woronesch wohnte die Familie, um den älteren Söhnen Juli und Jewgeni den Schulbesuch zu ermöglichen. Als Iwan noch keine vier Jahre alt war, war die Familie aus materiellen Gründen gezwungen, aufs Dorf zu ziehen, genauer in ihren Weiler Butyrki im Gebiet Orjol. »Dort«, schreibt Bunin in einer autobiographischen Skizze, »in der tiefsten Stille der Felder, wo im Sommer das Korn bis an unsere Türschwelle reichte und wir im Winter von Schneewehen umgeben waren, verlief meine ganze Kindheit, erfüllt von einer traurigen und eigentümlichen Poesie.« Die Natur und das Leben der verstreuten Bauernhöfe bilden die Welt, die seine Imagination prägt. Hier schärft sich seine außergewöhnliche Beobachtungsgabe für die feinsten Nuancen in der Natur, hier wird seine Sehnsucht nach dem Fremden, der Ferne ebenso geweckt wie eine tiefe Nachdenklichkeit über den Menschen, über Vergänglichkeit, Sinn und Glück.

Der ›Gutsherrensohn‹ Bunin wuchs fast ohne Standesschranken auf. Er spielte mit den Bauernkindern, hütete mit ihnen Kühe und träumte offenbar manchmal davon, ein Bauer zu sein (*Antonäpfel*). In der Erzählung *Über der Stadt* beschreibt Bunin einen Ort der Enge, »wo unsere Kindheit dahinschwand, die voller Träume war von Reisen, Heldentum und aufopfernder Freundschaft«. Die Enge erzeugt eine Ahnung, wie es wäre, sie zu überwinden: »Noch immer denke ich gerne daran, daß wir uns wenigstens von Zeit zu Zeit erheben konnten über diesen kleinbürgerlichen Krähwinkel« – und wenn es nur auf den Glockenturm war, der so zum mythischen Ort der Kindheit wird.

In der erwähnten autobiographischen Skizze erklärt Bunin, er sei schon früh zum Freidenker geworden und seinem »blauen Blut« gegenüber immer gleichgültig gewesen – wie auch gegenüber dem Verlust von all dem, was seinen Stand einmal ausgemacht hatte. Tatsächlich war der materielle Niedergang der Familie nicht nur dem verschwenderischen Vater geschuldet, sondern eine zeittypische Erscheinung, die einen großen Teil des alten

Adels ergriffen hatte und mit der Verarmung weiter Teile des ländlichen Rußland in den späten Jahren des 19. Jahrhunderts einherging. Niemand hat diesen Prozeß so beeindruckend thematisiert wie Bunin, dessen private Erinnerung zur Erinnerung an eine ganze Welt wird. Dies wird explizit in *Antonäpfel*, wo der Geruch der Äpfel – »ihr kräftiges Aroma – ein Duft nach Honig und herbstlicher Kühle –« den Erzähler in eine Welt versetzt, »die zerfallen ist, die zugrunde geht und von der man in fünfzig Jahren nur aus unseren Erzählungen wissen wird«.

Iwan Bunin war ein einsames Kind, so wie er später ein Einzelgänger blieb. Er hatte einen ehemaligen Studenten als Privatlehrer, einen originellen Menschen, der ihm das Lesen anhand der *Odyssee* und des *Don Quichote* beibrachte und ihn die Literatur als Ort der abenteuerlichen und exotischen Gegenwelt entdecken ließ. Iwan schrieb durch ihn schon als Kind erste Gedichte, und bald scheint sich bei ihm der Traum festgesetzt zu haben, ein Dichter, ein Schriftsteller zu werden, worunter er, wie er später berichtet, ein »höheres Wesen« verstand. Ganz hat ihn dieser Glaube an die Literatur nie verlassen.

Zuerst aber kamen, mit elf Jahren, vier schwierige Jahre am Gymnasium, das er dann offenbar aus freien Stücken und mit Billigung der Eltern wieder verließ. Die Familie wohnte nun auf einem anderen Hof, den die Mutter geerbt hatte, und bald reichte das Geld kaum noch zum Leben. Der aus politischen Gründen verurteilte Bruder Juli lebte unter Hausarrest bei der Familie; er kümmerte sich nun um die Bildung Iwans und ging mit ihm ein Programm zur Universitätsvorbereitung durch. Zu einem Studium kam es jedoch nie – Bunin mußte schon mit achtzehn für sich selber sorgen und blieb in vieler Hinsicht ein Autodidakt. Manchmal wird in Briefen und Erinnerungen deutlich, wie sehr er darunter litt.

Doch sein Ziel war die Literatur. Bunin geriet in keine sehr einladende Zeit für einen angehenden Schriftsteller. Wie alle Jungen seiner Generation mit literarischen Ambitionen versuchte er es zuerst mit einem Roman, was aber nicht gelang. Zu übermächtig, aber auch zu erschöpft war das Erbe der großen realistischen Romane Tolstojs, Dostojewskis und Turgenjews. Zu sehr hatte sich auch die gesellschaftliche Umgebung verändert: In der Reaktionszeit der achtziger Jahre politisierten und radikalisierten sich die intellektuellen Milieus zusehends, und an die positiv gestalterische Kraft der »schönen« Literatur mochte kaum mehr jemand glauben. Dafür bot sich unerwartet eine neue Nische für die lange marginalisierte Lyrik an – hier finden in den neunziger Jahren vor allem die Symbolisten ihr eigentliches Betätigungsfeld.

Auch Bunin schreibt nun vor allem Gedichte, und eines wird bereits im Mai 1887 von einer Zeitung veröffentlicht. Die Lyrik entspricht seiner hohen Vorstellung von Dichtung und vom Dichter – und sie verkörpert für ihn das ganze Andere seiner Lebenserfahrung, die Flucht aus einer als öde empfundenen Welt, indem er diese poetisierend beschrieb.

Die eigene Kindheit war der wohl wichtigste Ausgangspunkt für Bunins frühe Prosapoetik: »Mit dem Herzen erinnere ich nur die Kindheit / alles andere ist nicht meins«, heißt es in einem Gedicht aus dem Jahr 1906. Doch Kindheit hieß für ihn nicht mehr, wie noch für Tolstoj, eine rousseauistische Suche nach Reinheit oder Selbstreflexion mit dem Ziel der Selbstverbesserung. Sie verkörperte auch nicht, wie teilweise bei den Symbolisten, die Ahnung einer unsichtbaren, der erwachsenen Rationalität nicht zugänglichen Welt. Bunins Kindheit, das war die »traurige und eigentümliche Poesie« des Realen. Diese Poesie hatte nichts gemein mit einer Verklärung der Welt, geschweige denn einer Verniedlichung des Kindseins, und sie hatte immer schon einen melancholischen Grundton. Sie steht aber auch für den staunenden Blick auf die Natur, die darin gleichzeitig in respektvoller Distanz wie in tiefer Vertrautheit erscheint.

Bunin wird später auf Distanz gehen zu den frühen Erzählungen, vermutlich weil die eigene Kindheit in ihnen so fühlbar wird und er das zu Private in seiner Literatur ablehnte. Aber nirgendwo wird wie in diesen Texten so eindrucksvoll sichtbar, woher die Form seiner illusionsfreien, genauen, doch hoch poetischen Weltsicht kommt. Die kindlich-poetische Wahrnehmung der eigenen Welt ist das Gegenstück zu den so poetisierten wie präzise beobachteten Reisebildern aus dem *Sonnentempel*.

Das kindliche Erleben bringt die reine, fast ereignislose Begeisterung, die Intensität des Lebens in der Natur zum Audruck, und es sprengt die Grenzen von Freude und Trauer: »Das alles wäre lustig, / wenn es nicht so traurig wäre«, heißt es im Motto zu *Erste Liebe*, seiner wohl ersten publizierten Erzählung überhaupt. Kind und Natur bilden eine verschworene Gemeinschaft (*Auf dem Land*) – und es ist bei Bunin, gerade in seinem Bild Rußlands, fast immer die Natur, die für die positiven Kräfte in seinem Weltbild steht. Auch Erwachsene erhalten ihre Autonomie und Stärke da, wo sie zu dieser Verbindung zurückfinden können (*Glück*), und die Natur verbindet Leben und Tod, wie die Steppe in *Erz*. Es ist auch die Natur, an der man, am Ende der Kindheit, die zunehmende Tristesse des Dorfes beobachten kann.

Es waren schwierige Jahre, persönlich wie gesellschaftlich, in der Bunin eine Position im Leben suchte. Mit achtzehn klagte er seinem Bruder, er fühle eine solche *toská* – was soviel wie Langeweile, aber auch Sehnsucht bedeuten kann –, daß seine Brust zerspringen wolle. Er verließ die Familie und führte nun viele Jahre ein unruhiges Leben zwischen den Besuchen bei seinem verehrten Bruder Juli in Charkow und Poltawa, den Hauptstädten, wo sich später literarische Kontakte knüpften, und dem Dorf, wo er am meisten und konzentriertesten schrieb. Und nicht zu vergessen natürlich das Reisen, dem seine eigentliche Leidenschaft galt.

Seine erste Stelle erhält er im Herbst 1889 in der Redaktion einer Orjoler Zeitung. Diese bietet ihm auch die Möglichkeit seines ersten Gedichtbandes; er erscheint 1891 und stößt auf wohlwollende Kritiken. In der Redaktion lernt Bunin die gleichaltrige Warwara Paschtschenko kennen. Mit ihr erlebt er seine erste große und dramatische Liebesgeschichte: Das Paar darf nicht heiraten, weil ihre wohlhabenden Eltern die Zustimmung verweigern, es kommt zu Skandalen mit ihrer Familie, sie leben eine Weile dennoch zusammen, ziehen nach Poltawa – bis Warwara ihn plötzlich verläßt und zu Bunins Schock seinen besser situierten Freund heiratet.

Für Bunin folgt eine Zeit der Verzweiflung. Die Eltern verloren zudem noch das letzte Haus und wohnten nun bei Bunins Geschwistern – auch er wird nun, wenn er auf dem Land sein will, bei seinem Bruder Jewgeni unterkommen. In dieser Zeit schreibt er an Juli: »Ich kann mich nicht an das Leben gewöhnen! Es ist einfach alles nicht das Richtige. Ich lebe wie im Nebel.« Bunin ist nun ohne Stelle und Geld, verzweifelt über seine mangelnde Ausbildung und über sein »idiotisches Dasein«; er überlegt sich, ob er nicht zur Armee gehen soll, und spielt mit dem Gedanken an Selbstmord.

Schließlich brachte ihn Juli in Poltawa als Bibliothekar unter. Er lebte nun – wie schon früher zeitweilig in Charkow – im politisierten Freundeskreis Julis, in dem er aber eine Sonderrolle einnahm. Allerdings ließ er sich anstecken von Ideen Tolstojs, verbreitete auch dessen Schriften, weswegen er 1894 zu drei Monaten Gefängnis verurteilt wurde; dank einer allgemeinen Amnestie mußte er die Strafe nie antreten.

Die Phase von Bunins »Tolstojanismus« war kurz, aber heftig. Später wird er schreiben, es sei Tolstoj selbst gewesen, der ihn bei einem Besuch in Jasnaja Poljana von einer zu radikalen Form tolstojanischen Lebens abgebracht habe. In der Tat aber ist es schwierig, sich den distanziert-eleganten, stilbewußten Bunin als Anhänger eines radikal einfachen Lebens vorzustellen. Bereits in der Erzählung *Auf der Datscha* (1895), die einen selbstbewußten Tolstojaner und dessen jungen Bewunderer porträtiert, geht er dazu auf ironische Distanz. Dennoch bleibt seine Verehrung für den Schriftsteller wie für den Menschen Tolstoj sein ganzes Leben bestehen.

Politisch durchlebt Bunin eine längere Phase als ›Volkstümler‹, ohne aber alle deren Prämissen zu teilen. Die in diesen Kreisen verbreitete Idealisierung des Bauernlebens stand im Widerspruch zu seiner intimen Kenntnis des Landlebens, und eine politische Literatur hätte für ihn eine Verflachung des Poetischen bedeutet. Doch fließen in seine frühen Erzählungen die Armut und die Hungersnöte auf dem Land ein. Die Erzählung *Ans Ende der Welt*, die das Thema der Bauern aufnimmt, die ihr Dorf verlassen, um sich am Ussuri neu anzusiedeln, erschien 1895 und fand große Beachtung. Bunin, der sie nach einem Besuch bei bäuerlichen Auswanderern im Süden schrieb, trug sie auf Einladung bei einer öffentlichen Lesung in Petersburg vor, und sie gab seinem ersten Erzählband von 1897 den Titel.

Bunin widmete sich in dieser Zeit vermehrt lyrischen Übersetzungen. In den Jahren nach 1895 schrieb er wenig, doch stellten Kritiker mit Recht fest, daß er danach seine ganz eigene Stimme gefunden hatte; nun begannen auch Jahre einer großen Produktivität. Er lebte zunehmend in Odessa, war in Jalta, wo sich neue Kontakte ergaben – er befreundete sich etwa mit Gorki und Tschechow.

In Odessa erlebte Bunin auch sein zweites Beziehungsdrama, seine 1898 geschlossene Ehe mit Anna Zakni, der Tochter eines Zeitungsherausgebers. Bunin war 28, sie 19, die beiden kannten sich kaum, als sie heirateten. Bald zeigten sich Risse, Unverständnis, Bunin fühlte sich einsam. Nur in kleinen Momentaufnahmen finden diese privaten Beziehungsangelegenheiten Eingang in Bunins Texte, wie in *Neujahr* oder *Spät in der Nacht.* Anna brachte 1900 einen Sohn zur Welt, doch im selben Jahr trennten sich die beiden. Als der Sohn – er wird Bunins einziges Kind bleiben – 1905 stirbt, ist dies für Bunin ein gewaltiger Schlag, und er soll zeitlebens sein Foto mit sich geführt haben.

Bald darauf zeichneten sich die ersten Erfolge ab. Bunin wurde zum gefragten Autor, die Honorare stiegen. 1903 erhielt er den begehrten Puschkinpreis für die Übersetzung von Longfellows *The Song of Hiawatha* und für einen Gedichtband, ab 1902 erschien eine erste Werkausgabe, 1909 erhielt er erneut den Puschkinpreis, und er wurde Ehrenmitglied der Akademie der Wissenschaften. Zudem lernte er 1906 Wera Muromzewa kennen, die er bald darauf heiratete und die ihn sein ganzes Leben lang begleiten würde. Nun unternahm er seine Reisen mit ihr zusammen, und es entstand der Kern der Reisetexte, die er als Zyklus unter dem Titel *Der Sonnentempel* publizieren wird. Auch Gedichte schrieb er weiterhin, doch zunehmend verdrängte sein Ruf als Prosaautor denjenigen des Lyrikers.

Bunin lebte in Odessa, als 1905 der Matrosenaufstand auf der *Potemkin* ausbrach und – wie die folgenden Trauerdemonstrationen – blutig niedergeschlagen wurde. Wie viele seiner Zeitgenossen war Bunin entsetzt über die Gewaltausbrüche, auf die auch Judenpogrome folgten. Kurz darauf brachen auch in seiner Region Bauernrevolten aus. Sein Bruder Jewgeni mußte mitsamt Bunins Familie vor den Aufständen flüchten und schließlich sein Gut verkaufen. Er selbst war zwei Jahre später von einer polizeilichen Hausdurchsuchung betroffen. Das Leben der Bunins blieb eines aus dem Koffer: unstet, ohne Verwurzelung. Am liebsten war Bunin ohnehin auf Reisen – und das vorzugsweise im Süden, weit weg von dem Zuhause, das er freiwillig niemals endgültig verlassen hätte.

Als Maxim Gorki um 1911 Bunin als besten Stilisten, ja besten Autor seiner Zeit bezeichnete, kannte er schon die großen Erzählungen, deren Sicht auf das russische Dorf eine heftige Diskussion auslöste: *Das Dorf* und *Suchodol*. Doch gilt das schon für die frühere Prosa, die sich bald von den ersten kleinen – durchaus reizvollen – Naivitäten befreit.

Bunin nimmt in der Literatur seiner Zeit einen ganz eigenen Platz ein, allein schon dadurch, daß er sich von allen Gruppierungen fernhielt. Er bewegte sich jenseits der manchmal gekünstelten Prosa der Symbolisten, schrieb mit mehr Vertrauen in die Kraft des Wortes als der Zweifler Tschechow, und er verzichtete, anders auch als letzterer, weitgehend auf Handlungssujets. Vor allem aber ist er frei von den Idealisierungen und Ideologisierungen von Autoren wie Gorki selbst.

Bunin verband seine nuancierte Beschreibung unnachahmlich mit subjektiver Atmosphäre und den großen Fragen des Lebens. Alles scheint dabei durchdrungen von einer poetischen Melancholie: Seine Welt war schon damals, was niemandem bewußt sein konnte, vom kommenden Untergang gezeichnet – und niemand hat dies atmosphärisch so eindrücklich beschrieben wie er. Ein ›Realist‹ im eigentlichen Sinne war er nie. »Nein, nicht die Landschaft zieht mich an«, heißt es in einem Gedicht, nicht die »Farben« an sich, sondern »das, was in den Farben leuchtet: die Liebe und die Freude des Seins«. Bunin geht es um die Fragen von Leben, Tod und Glück sozusagen in ihrer reinen Form. Der Mensch, jedes Ich ist für ihn sehr viel mehr als ein soziologisch oder psychologisch erfaßbares Wesen. Auch der einfache alte Mann in *Auf dem Vorwerk* steht für die Konfrontation mit den letzten Dimensionen des Lebens, wenn er sich überlegt, was denn sei, wenn er nicht mehr hier sein wird, wo er denn sein werde, wenn er sich nie mehr auf diesen Erdhügel setzen könne.

Bunin ist, bei all seinem Bekenntnis zur sinnlich faßbaren Welt, bei aller Distanz zu allem Mystifizierenden, Religiösen, gar Esoterischen, kein Schriftsteller eines klaren Wissens und einer unpersönlichen Objektivität. Dies ist ein Thema der Erzählung *Am Ursprung der Tage*, wo der Erzähler in seiner frühesten Kindheitserinnerung versucht, dem Geheimnis des Spiegels und damit der Selbsterkenntnis auf die Spur zu kommen. Es bleibt als Spur der Kratzer im Glas des Spiegels, der entstand »in dem Moment, als ich versuchte, wenigstens einen Blick zu erhaschen auf das Unbekannte, Unbegreifliche, das mich vom Ursprung meiner Tage an bis zum Grab begleitet«.

Editorische Notiz

Nach dem Revolutionstagebuch *Verfluchte Tage* und dem thematischen Band *Der Sonnentempel* mit literarischen Reisebildern leitet *Am Ursprung der Tage* in der Werkausgabe Iwan Bunins eine chronologisch angeordnete Reihe von Erzählbänden ein; bereits in den *Sonnentempel* aufgenommene Erzählungen werden dabei nicht wiederholt. Auch hier gilt bei der Wahl der Textfassungen, wie schon im *Sonnentempel*, nicht das Prinzip letzter Hand. Bunin publizierte in seinen späten Jahren seine Erzählungen oft mit teilweise einschneidenden Veränderungen neu; diese Eingriffe vermögen den heutigen Leser nicht immer zu überzeugen und nehmen den Texten bisweilen das Kolorit ihrer Entstehungszeit. Diese Ausgabe möchte diesen Eindruck des weiteren zeitlichen Entstehungskontextes bewahren; sie folgt dabei nach Möglichkeit Werkausgaben, die von Bunin selbst betreut wurden und aussagekräftiger sind als die meist in Zeitungen publizierten Erstfassungen.

Da dieser Band Erzählungen bis ins Jahr 1909 beinhaltet, dient als Grundlage für die Übersetzungen Bunins nächstfolgende Werkausgabe aus dem Jahr 1915 (Marks); daraus werden auch die Titel der Erzählungen übernommen, die teilweise von früheren oder späteren Fassungen abweichen. Drei Erzählungen, die dort nicht enthalten sind, werden nach der Erstfassung in Zeitungen übersetzt, wie sie erstmals 1965 in der neunbändigen sowjetischen Ausgabe (Werkausgabe) abgedruckt wurden.

Bunin hat seine vor 1910 entstandenen Erzählungen nicht in die Berliner Petropolis-Ausgabe aus den Jahren 1934–1936 übernommen, die er selbst in dieser Zeit für maßgeblich erklärte. Doch geht es hier nicht um Jugendwerke: Immerhin war er 1910 bereits vierzig Jahre alt und ein hoch anerkannter Dichter und Autor. Einige Erzählungen hat Bunin allerdings später wieder aufgenommen, doch dabei in den Überarbeitungen insbesondere die autobiographischen Elemente und die Erzählerkommentare zurückgedrängt. Vor allem erstere sind aber für das Verständnis dieser früheren Texte in ihrem Entstehungskontext entscheidend und auch literarisch von Interesse.

Sieben Erzählungen werden hier zum ersten Mal auf deutsch vorgelegt. Die meisten der anderen unterscheiden sich in ihrer Textgestalt von den bisherigen Übersetzungen, die immer die letzten Fassungen zur Grundlage nahmen. Wo diese Unterschiede mehr als redaktioneller Natur sind, wird es im folgenden in der Anmerkung erwähnt.

Verwendete Ausgaben

(Marks) *Polnoe sobranie sotschinenij I. A. Bunina.* Bd. 1–6. Petrograd: A. F. Marks 1915.

(Werkausgabe) I. A. Bunin, *Sobranie sotschinenij v dewjati tomach.* Bd. 2–3. Moskwa: Isd. chud. literatury 1965.

»Erste Liebe« (Perwaja ljubow): Erstpublikation 1890, nach dieser übersetzt aus der Werkausgabe II, 349–360. Früheste bekannte Erzählung Bunins; nicht zu verwechseln mit der gleichnamigen Erzählung aus dem Jahr 1930. Erstübersetzung. · »Auf dem Vorwerk« (Na chutore): Erstpublikation 1895; 1902 auch als »Der Phantast«. Übers. nach Marks II, 24–28. Erstübersetzung. · »Nachrichten aus der Heimat« (Westi s rodiny): Erstpublikation 1895 unter dem Titel »Überraschung«. Übers. nach Marks II, 29–36. Erstübersetzung. · »Ans Ende der Welt« (Na kraj sweta): Erstpublikation 1895 mit dem Untertitel »Aus dem Notizbuch«. Übers. nach Marks II, 42–47. · »Auf der Datscha« (Na datsche): Erstpublikation 1897. Übers. nach Marks II, 105–138. Erstübersetzung. · »Auf dem Land« (W derewne): Erstpublikation 1897 (mit dem Untertitel »Aus Kindheitserinnerungen«), nach dieser übers. aus der Werkausgabe II, 401–407. · »In später Nacht« (Posdnej notschju): Erstpublikation 1901. Übers. nach Marks II, 160–162. · »Antonäpfel« (Antonowskie jabloki): Erstpublikation 1900 mit dem Untertitel »Bilder aus dem Buch der Epitaphe«. Übers. nach Marks II, 163–177. In dieser Fassung erstmals übersetzt. · »Erz. Ein Epitaph« (Ruda. Epitafija): Erstpublikation 1901 mit dem Untertitel »Bilder aus dem Buch der Epitaphe«. Übers. nach Marks II, 178–182. · »Über der Stadt« (Nad gorodom): Erstpublikation 1902. Übers. nach Marks II, 183–187. · »Neujahr« (Nowy god): Erstpublikation 1902. Übers. nach Marks II, 232–237. Erstübersetzung. · »Glück« (Stschastje): Erstpublikation 1902 unter dem Titel »Rendezvous«; eine 1926 stark umgearbeite Fassung wird den Titel »Dämmerung die ganze Nacht« tragen. Übers. nach Marks II, 17–22; in dieser Fassung erstmals übersetzt. · »Die *Nadeschda*« (Nadeschda): Erstpublikation 1902. Übers. nach Marks II, 243–246; in dieser Fassung erstmals übersetzt. · »Der Traum von Oblomows Enkel« (Son Oblomowa-wnuka): Erstpublikation 1904 unter dem Titel »Im Korn«, spätere Fassungen auch unter den Titeln »Entferntes« und »Acht Jahre«. Übers. nach Marks IV, 23–28; in dieser Fassung erstmals übersetzt. · »Am Ursprung der Tage« (U istoka dnej): Erstpublikation 1907. Nach einer Umarbeitung 1929 lautete der Titel »Der Spiegel«. Übers. nach Marks IV, 38–48; in dieser Fassung erstmals übersetzt. · »Arm ist der Teufel« (Beden bes): Erstpublikation 1909. Nach einer Umarbeitung 1927 lautete der Titel »Die Vögel unter dem Himmel«. Übers. nach Marks IV, 92–99. Erstübersetzung. · »Der Abend vor dem Markt« (Podtorsche):

Erstpublikation 1925 mit dem Vermerk, es handle sich um einen nicht verwendeten Auszug aus »Das Dorf«; von Bunin datiert mit 1909. Übers. nach der Werkausgabe III, 7–11. Erstübersetzung.

Anmerkungen der Übersetzerin

17, 21 *Was klingt in der Ferne …:* Nach Versen aus dem Gedicht *W gluschi (In der Einöde)* des russischen Dichters Jakow Polonski (1819–1898).

29, 8 *Delwig:* Anton Delwig (1798–1831), russischer Dichter, ein Freund Alexander Puschkins.

29, 9 *Kolzow:* Alexej Kolzow (1809–1842), russischer Dichter.

29, 21 *Marlinski:* Alexander Bestuschew-Marlinski (1797–1837), russischer Schriftsteller.

29, 22 *Petschorin:* Grigori Petschorin, Hauptfigur im Roman *Ein Held unserer Zeit* des russischen Schriftstellers Michail Lermontow (1814–1841).

29, 28 *Semstwo*: Seit Mitte des 19. Jh. bestehende Einrichtungen zur Selbstverwaltung von Kreisen und Gouvernements, in denen Vertreter des Adels, der Stadtbewohner und der Bauern beteiligt waren.

31, 20 *Oginski-Polonaise*: Die Polonaise »Abschied vom Vaterland« des polnischen Staatsmanns und Komponisten Michal Oginski (1765–1833).

39, 5 *Pudwerst, Achswerst*: Alte Berechnungseinheiten (Verhältnis von befördertem Gewicht zur gefahrenen Strecke) im russischen Güter- und Schienenverkehr.

44, 7 *Starosta*: Dorfältester, Gemeindevorsteher.

51, 26 *Kurgan*: Vor allem in Osteuropa (und da besonders in Rußland und der Ukraine, aber auch in Sibirien) anzutreffende vor- und frühgeschichtliche Grabhügel. Über einer hölzernen oder steinernen, in die Erde eingelassenen Grabkammer ist ein hoher Erdhügel aufgeschüttet und durch Steine befestigt.

67, 23 *Europäischer Bote:* (russ. *Westnik Ewropy*) Eine der ersten und einflußreichsten russischen Zeitschriften des 19. Jh. zu Literatur, Politik und Gesellschaft.

71, 11 *Kokoschnik*: Haubenartige Kopfbedeckung.

73, 27 *Nun ja, auch Terpentin …:* Aphorismus des fiktiven Autors Kosma Prutkow, einer literarischen Mystifikation von vier russischen Schriftstellern, darunter A. K. Tolstoj, die als »Kosma Prutkow« parodistische Texte, u.a. zahlreiche Aphorismen, produzierten.

76, 9 *Mein Gott, ich schäme mich …:* Esra 9,6.

76, 21 *Lange suchte ich Gott …:* Aus dem Gedicht *W tichom chrame (Im stillen Tempel)* des russischen Dichters Konstantin Michajlowitsch Fofanow (1862–1911).

76, 26 *So stehet nun …:* Epheser 6,14.

79, 9 *Nimm mein Leben …:* Zitiert nach der Christlichen Liederdatenbank: www.liederdatenbank.de/song/1088.

79, 16 *Du hast mir kundgetan …:* Apostelgeschichte 2,28.

79, 26 *Liebe Kindlein …:* Johannes 13,33.

79, 28 *Euer Herz erschrecke nicht:* Johannes 14,1.

79, 29 *So euch die Welt haßt …:* Johannes 15,18.

80, 1 *Ein Weib, wenn sie gebiert …:* Johannes 16,21.

80, 20 *Solches redete Jesus …:* Johannes 17,1.

80, 26 *Ich habe deinen Namen …:* Johannes 17,6.

80, 27 *… erhalte sie in deinem Namen …!:* Johannes 17,11.

83, 20 *Die Menschen ziehen immer noch …:* Jesaja 31,1–3: Weh denen, die hinabziehen nach Ägypten um Hilfe und verlassen sich auf Rosse und hoffen auf Wagen … Denn Ägypten ist Mensch und nicht Gott, und ihre Rosse sind Fleisch und nicht Geist.

93, 6 *Keep your temper, Sir:* Im Original englisch.

98, 10 *Der Kammerherr erfreut sich …:* Aphorismus von Kosma Prutkow (s.o. Fußnote *Nun ja, auch Terpentin …*).

98, 26 *Lew Nikolajewitsch:* Der russische Schriftsteller Lew Nikolajewitsch Tolstoj, der mit seinen Werken das Tolstojanertum inspirierte.

102, 11 *»sie«:* Anspielung auf die Tolstojaner.

107, 9 *Von dem Affen, der …:* Anspielung auf die Fabel *Obesjana* (*Der Affe*) des russischen Dichters Iwan Krylow (1769–1844), die mit den Worten endet: »Du arbeitest viel, doch Nutzen bringt es keinen.«

109, 7 *Laß sie, sie hat ihre Zeit …:* Nach dem Gedicht *Ja ne ljublju ironii twoej* (*Ich liebe deine Ironie nicht*) von Nikolai Nekrasow aus dem Jahre 1850.

111, 5 *Das Licht, und in ihm ist keine Finsternis:* 1 Joh. 1,5 (Und das ist die Verkündigung, die wir von ihm gehört haben und euch verkündigen, daß Gott Licht ist und in ihm ist keine Finsternis).

111, 28 *Die Toren sprechen …:* Psalmen 14,1.

114, 23 *Verzicht auf Widerstand gegen das Böse:* Anspielung auf Lew Tolstoj, der den gewaltlosen Verzicht auf Widerstand gegen das Böse propagierte.

116, 15 *How did you get acquainted with him?:* Im Original englisch.

118, 2 *Amiel:* Henri-Frederic Amiel (1821–1881), Schweizer Schriftsteller und Philosoph, dessen monumentale Tagebücher u.a. Lew Tolstoj beeinflußten.

118, 29 *Ihr seid begierig ...:* Jak. 4,2.

119, 14 *Denn nun ihr frei geworden seid ...:* Römer 6,18.

120, 12 *Bruce:* Der als »Bruce«, »Brjussow kalendar« oder »Kalendar Brjussowa« bekannte Kalender wurde von dem russischen Feldmarschall Jakow Brjus (Jacob Bruce, 1669–1735, Sohn eines nach Rußland eingewanderten schottischen Adligen) erstellt.

120, 22 *Dobro pozhalowat:* Herzlich willkommen!

121, 25 *Es giebt nur drei Arten ...:* zit. nach: Pascals' Sämmtliche Schriften über Philosophie und Christenthum. Aus d. Franz. übers. v. Karl Adolf Blech. Th. 1: Pascals' Gedanken über die Religion und einige andere Gegenstände. Berlin 1840, S. 386.

124, 5 *Denn eurethalben wird Gottes Name ...:* Römer 2,24.

128, 4 *Duga:* Holzbogen über dem Mittelpferd einer Trojka.

130, 5 *Wogule:* Indigenes Jägervolk im Ural, heutige Bezeichnung Mansen (Mansi).

144, 6 *Arschin:* Altes russisches Längenmaß, entspricht 71,12 cm.

146, 15 *Wysselki:* Ortschaft in Südrußland.

155, 24 *Zeit ist's ...:* Zitat aus dem Gedicht *Psowaja ochota* (*Die Hundejagd*) des russischen Dichters Afanasi Fet (1820–1892).

159, 26 *Edelmann und Philosoph:* (russ.: *Dworjanin-Filosof. Allegorija*) Dworjanin-Filosof war das Pseudonym des russischen Schriftstellers Fjodor Dmitriew-Mamonow (1727–1805), aber auch Titel einer von ihm verfaßten allegorisch-philosophischen Erzählung, in der ein Gutsbesitzer auf seinem Landgut eine Art Planetensystem mit dem erleuchteten Gutshaus als Sonne errichtet. Das Werk wurde zensiert und aus den Buchläden entfernt und war daher äußerst selten.

160, 19 *Geheimnisse des Alexis:* Vermutlich ist ein Roman des französischen Autors François Guillaume Ducray-Duminil (1761–1819) gemeint, zum Beispiel *Alexis, ou La maisonnette dans les bois* oder auch *Coelina, ou L'enfant du mystère.*

160, 19 *Victor oder das Kind des Waldes:* (frz.: *Victor ou l'enfant de la forêt*) Melodrama des französischen Autors René Charles Guilbert de Pixérécourt (1773–1844).

161, 3 *Schukowski, Batjuschkow und Puschkin:* Wassili Schukowski (1783–1852), Konstantin Batjuschkow (1787–1855), Alexander Puschkin (1799–1837), russische Dichter.

183, 21 *Gott aber ist ...:* Markus 12,27.

190, 16 *Da kommt, ganz leicht nur angetan …:* Zitiert nach: Alexander Puschkin: Eugen Onegin und Dramen. Ausgewählte Werke. Dritter Band. Hrsg. v. Harald Raab. Aus d. Russ. v. Theodor Commichau u.a. Berlin, Aufbau-Taschenbuch Verlag 1999, S. 98–99.

192, 13 *Desjatinen:* Altes russisches Flächenmaß, entspricht 1,09 ha.

192, 15 *Werst:* Altes russisches Längenmaß, entspricht 1,067 km.

206, 1 *Nadeschda* (russ.): dt. Hoffnung, hier der Name eines Segelschiffs.

207, 24 *Puvis de Chavannes:* Pierre Puvis de Chavannes (1824–1898), französischer symbolistischer Maler.

245, 8 *Walenki:* Filzstiefel.

247, 10 *Arm ist der Teufel …:* Verkürzte Version des russischen Sprichworts: »Arm ist der Teufel, daß er keinen Gott hat.«

259, 13 *Kalatsche:* Russisches Weizengebäck, eine Art Kringel, bei dem in der traditionellen Backweise eine Seite rundlich verdickt und die andere Seite wie ein Bogen oder Henkel geformt war.

Iwan Bunin

Verfluchte Tage

Ein Revolutionstagebuch

Aus dem Russischen von Dorothea Trottenberg

Band 17399

›Verfluchte Tage‹ ist kein Tagebuch im üblichen Sinne, sondern ein literarisches Werk. Iwan Bunin schrieb es unter dem unmittelbaren Eindruck der Ereignisse 1918/19 in Moskau und Odessa. Ereignisse, die nicht nur für sein Heimatland, sondern auch für sein persönliches Schicksal entscheidend waren und dazu führten, dass Bunin 1920 Russland für immer verließ.

»... ein funkelndes, mit allen poetischen Wassern gewaschenes Kleinod«
Süddeutsche Zeitung

»Eine Entdeckung!«
Neue Westfälische Zeitung

Fischer Taschenbuch Verlag

fi 17399 / 1

Iwan Bunin

Ein unbekannter Freund

Zwei Erzählungen

Aus dem Russischen von Swetlana Geier

Band 16465

Eine Stadt im regnerischen Westen Irlands: eine passionierte Leserin kauft zufällig ein Buch, und beginnt zu lesen und findet sich im Geschriebenen gespiegelt. Fasziniert schreibt sie an den ihr unbekannten Freund, den Autor. Wird er ihr antworten? Der Band wird abgerundet durch die »Nobelpreis-Tage«, Bunins Schilderung seiner Reise nach Stockholm im Jahre 1933.

»... wir sind sehr verzaubert.«
Elke Heidenreich

Fischer Taschenbuch Verlag

fi 16465 / 1